JULES CAPLAIN

La France en Haïti

Catholicisme • Vaudoux • Maçonnerie

PRÉFACE PAR M. ANTOINE BAUMANN

MEMBRE DE L'EXÉCUTION TESTAMENTAIRE D'AUGUSTE COMTE

PARIS

...PRIMERIE F. LEVÉ, 17, RUE CASSETTE

Pu... un groupe d'anti-maçons du 16e arrondissement de Paris

LA FRANCE EN HAÏTI

Chapelle rurale.

JULES CAPLAIN

La France en Haïti

Catholicisme • Vaudoux Maçonnerie

PRÉFACE PAR M. ANTOINE BAUMANN

MEMBRE DE L'ÉXÉCUTION TESTAMENTAIRE D'AUGUSTE COMTE

PARIS

IMPRIMERIE F. LEVÉ, 17, RUE CASSETTE

Édité par un groupe d'anti-maçons du 16e arrondissement de Paris

Quand les orages politiques de l'avenir manifesteront toute l'intensité de la crise moderne, vous trouverez les jeunes positivistes de l'avenir prêts à se faire tuer pour vous, comme vous êtes prêts à vous faire massacrer pour Dieu.

(Sabatier, mandataire d'Auguste Comte au général des Jésuites à Rome en 1857.

Les travaux du groupe anti-maçon seront repris dans le courant de novembre.

Les communications, adhésions et dons seront reçus avec reconnaissance par le délégué, M. le commandant Jules Caplain, 20, *rue Louis-David, Paris-XVIe.*

Vous me demandez, mon cher ami, de consigner par écrit les réflexions que m'a suggérées la lecture de votre étude : *La France en Haïti*. Je vais le faire bien volontiers, en appliquant, aux faits dont vous avez dressé le tableau d'ensemble, les principes de cette doctrine positive qui a conquis la complète adhésion de mon esprit, au point de faire corps avec lui.

Le nègre, dites-vous avec raison, est un fétichiste. Je ne méprise point du tout cet état d'âme. L'humanité tout entière a débuté par là, il y a quelques milliers d'années. En outre, lorsque les yeux de nos enfants commencent à s'ouvrir au monde extérieur, avant même qu'ils puissent se servir un peu de leur langue pour nous faire connaître leurs impressions, ils raisonnent en fétichistes. Enfin, c'est à une survivance de cet état lointain que nous devons cette spontanéité dans l'élan qui est d'une si grande ressource pour le perfectionnement de tout ce qui nous intéresse, et qui a toujours été un puissant secours pour empêcher l'établissement définitif des tyrannies quelconques, visant à nous courber sous un joug immuable.

Mais il faut noter de suite que le nègre d'Haïti est un fétichiste placé dans des conditions spéciales. Ses ancêtres furent arrachés à leur sol natal. Ce fait seul dût imprimer une très profonde secousse morale à des natures qui perdent vite leur équilibre particulier, lorsqu'on les *détache* brusquement de leur milieu d'origine. Si le déracinement devient funeste aux Occidentaux eux-mêmes, on peut dire qu'il détraque tout à fait le pur fétichiste. Il suffira, pour s'en rendre compte, d'observer l'agitation anormale qui se manifeste chez le tout petit enfant, lorsqu'il se trouve, depuis plus de deux ou trois heures, éloigné de la maison familiale et des êtres, animés ou non, qui la peuplent.

A cette première cause de trouble, il faut en ajouter une seconde. Une fois déraciné, l'ancien nègre de l'Afrique s'est trouvé en contact avec des Occidentaux qui ne représentaient pas précisément la fleur de la civilisation européenne. C'étaient des colons, c'est-à-dire des exploiteurs guidés par de grossiers instincts de lucre, et totalement dépourvus de scrupules dans leurs relations avec des hommes qu'ils considéraient à peu près comme un simple bétail. Un pareil contact ne pouvait guère améliorer les pauvres sauvages réduits en servitude.

Cette double circonstance me paraît de nature à expliquer notamment la profonde amoralité sexuelle qui vous a tant frappé chez la population d'Haïti, alors que les indigènes de la Polynésie, de la Mélaniésie, et même de l'Afrique ont en général des mœurs beaucoup moins déréglées, et se montrent même parfois plus calmes, à cet égard, que beaucoup d'Européens.

Ceci posé, la question reste de savoir comment on pourrait perfectionner la race noire d'Haïti.

La principale insuffisance de l'être humain, quand il n'a pas dépassé la période fétichique, vient de ce qu'il n'a pas la notion d'immuabilité. Sa profonde spontanéité, si précieuse à tant d'égards, ne comprend pas la nécessité de se soumettre à une règle. L'existence des fatalités immodifiables qui nous dominent, dans l'ordre moral comme dans l'ordre social, et dans l'ordre physique, lui demeure une notion inaccessible. Le grand service que nous ont rendu les diverses doctrines théologiques, appelées successivement et simultanément à se partager l'empire du monde civilisé, a été justement de nous habituer à cette soumission, en personnifiant ces fatalités et en en faisant la volonté de Dieu ou des Dieux. Toutefois, par cela même que leur tâche était de nous familiariser avec la notion de l'immuable et de discipliner une turbulence excessive, elles inclinaient généralement à établir une tutelle tellement lourde que la spontanéité humaine risquait de se trouver complètement brisée. Les théocraties du passé, qui ont pesé, pendant des milliers d'années, sur certains peuples, sont un exemple des dangers que peut offrir le souci de la réglementation à outrance. En résumé, le grand problème humain s'est toujours ramené à celui de la conciliation entre l'ordre et le mouvement. Pour faire quelque chose, il faut être capable de se mettre en mouvement. Et pour faire quelque chose de bon, il ne suffit pas de s'agiter au hasard.

Auguste Comte a dit que sa doctrine pourrait servir à parachever l'éducation de toutes les variétés d'êtres humains, sans excepter les plus arriérés. Cette doctrine, en effet, par cela même qu'elle se pose comme le résumé complet d'une évolution générale, dont les peuples européens ont seuls parcouru toutes les étapes, offre des points de contact avec toutes les doctrines religieuses ou philosophiques qui ont préparé son avènement. Elle en offre de très importants avec le fétichisme. Comte a résumé bien des fois sa pensée fondamentale dans cet alexandrin : *Agir par affection* (c'est-à-dire par impulsion spontanée) *et penser* (c'est-à-dire tenir compte des nécessités immuables) *pour agir*. Or, donner la première place à l'impulsion spontanée, c'est proclamer un principe que les populations fétichiques comprendront sans peine. D'autre part si l'esprit du fétichisme porte à tout animer dans le monde, et à voir des êtres semblables à l'homme même dans l'arbre et la pierre, le positivisme, de son côté, incline à admettre chez tous les êtres, humains ou non, une certaine identité de nature; de telle sorte que, entre l'homme, l'animal, la plante, le corps brut, la différence consisterait uniquement dans l'intensité des caractères partout les mêmes (par exemple l'intelligence dans le corps brut se bornerait à la perception des phénomènes physico-chimiques dont il est le siège). Ce n'est pas ici le lieu de développer ce côté de notre doctrine qui vous causera peut-être quelque surprise. Je me bornerai à vous faire remarquer que, depuis plus d'un siècle, les poètes — ces perspicaces précurseurs de tous les penseurs systématiques — nous parlent couramment de l'âme des choses. Mais ce qu'il importe de retenir, c'est que ces idées trouveraient un terrain tout préparé dans le cerveau d'un fétichiste.

Je dois dire pourtant que, si, depuis la mort du maître, on a pu voir des musulmans et des polythéistes hindous se ranger sous la bannière positiviste, il n'y a pas encore d'exemples qu'un seul fétichiste ait suivi ce mouvement. La difficulté est ici de faire admettre la notion de l'immuable. Et elle est particulièrement grande pour ces phénomènes moraux, les plus délicats et les plus cachés de tous, que si peu d'Occidentaux encore conçoivent comme pouvant faire l'objet d'une science ayant des principes certains.

Mais, parmi les doctrines qui se basent sur l'absolu

et qui prétendent nous fournir l'équation de l'univers, il en est une qui se rapproche beaucoup du positivisme, sinon par ses explications dogmatiques, au moins par les pratiques auxquelles elle conduit. Cette doctrine, c'est le catholicisme. Elle admet une règle : la loi de Dieu. Elle admet aussi le mouvement : la charité qui est susceptible de se transformer en tendance générale à améliorer. Et il importe peu qu'en pure logique les deux choses soient inconciliables. Les hommes — heureusement — ne se laissent pas guider uniquement par la pure logique déductive. Aux yeux d'un positiviste, c'est une question secondaire que de savoir par quels raisonnements ils justifient leurs actes. Seul le résultat demeure de très haute importance.

Pour les populations européennes ayant plus ou moins directement subi l'influence de la civilisation romaine, le catholicisme a été une excellente recette de perfectionnement moral. Cette recette est-elle applicable à de simples nègres ? J'avoue que je n'oserais pas être tout à fait affirmatif.

Il existe pourtant des raisons sérieuses pour penser que oui. Les missions des jésuites paraissent avoir très heureusement modifié les Hurons du Canada, ainsi que les habitants du Paraguay. Vous-même avez constaté que les pompes du catholicisme agissaient fortement sur les âmes primitives d'Haïti. En tout cas, je n'aperçois aucun inconvénient à persévérer dans cette tentative.

A ce propos, une remarque me vient à l'esprit. Vous rappelez que le cardinal Lavigerie recommandait à ses Pères blancs de parler de tout *excepté de religion* et de civiliser les Arabes avant de les amener au catholicisme. J'admire beaucoup l'œuvre du grand prélat. Je trouve même sa méthode excellente. Seulement il me paraît avoir, à son insu, organisé des missions auxquelles le qualificatif de catholiques conviendrait moins que celui de positivistes. Et encore une fois je ne vois que des avantages à ce qu'il en soit ainsi. Mais je me demande de quelle utilité pourra être l'enseignement de la théologie à des Arabes ou à des Nègres qu'on aura pu civiliser et moraliser sans son concours... Je n'insiste pas. Seuls les résultats importent, par quelque procédé qu'ils soient obtenus.

Pour en revenir aux populations d'Haïti, vous émettez l'avis que le gouvernement de cette république devrait protéger la religion catholique. Vous savez que, pour les pays d'Europe, et pour la France principalement, nous tenons énergiquement à la séparation complète des deux pouvoirs. Si nous estimons que le catholicisme peut encore jouer un rôle très utile, même en France, nous croyons que l'efficacité même de son action reste subordonnée à une entière indépendance, comportant toute la liberté et aussi tous les risques qui en découlent. Nous pensons que Louis XIV rendit un bien mauvais service à la cause romaine en révoquant l'édit de Nantes ; qu'il est en partie responsable de cette immoralité scandaleuse dont le clergé du XVIIIe siècle, se croyant garanti contre les critiques de ses rivaux, donna le fâcheux spectacle ; et que la séparation des Églises et de l'État, en obligeant les autorités ecclésiastiques à sortir de la routine pour adopter certaines transformations mieux en harmonie avec les nécessités modernes, serait pour elle le point de départ d'un regain de vitalité.

Mais j'ajoute tout de suite que Haïti n'est pas la France « Vérité en deçà des Pyrénées, erreur au delà. » Le mot de Pascal équivaut presque à cet aphorisme positiviste : *Tout est relatif, voilà le seul principe absolu.* Je pense en tout cas que la protection devrait être fort discrète.

Ces deux moitiés de Dieu, le pape et l'empereur,

doivent rester distinctes. Dans l'état actuel du monde, les théocraties ne peuvent être utiles nulle part. Aussi bien, je crois que tel est votre avis. Selon vous, il ne s'agirait que de certaines mesures de détail, se ramenant au fond à lever des entraves, comme ce serait le cas pour cette puérile question des mariages *devant l'Église.* Avec un peu de bon sens et de bonne volonté, on découvrirait aisément le moyen de tout concilier, sans faire du catholicisme une religion d'État, ce qu'il faut éviter à tout prix.

Je viens d'écrire *puérile question*, à propos de l'affaire des mariages. Mais ce n'est peut-être pas le mot qui convient, si l'on songe à ce mouvement anticatholique que la franc-maçonnerie entretient là-bas comme chez nous. La méthode maçonnique est partout la même, sournoise, hypocrite, masquée sous des apparences de progrès, de légalité. Ce n'est pas un des côtés les moins curieux de votre étude que le passage où vous montrez la secte poursuivant son œuvre jusque dans cette île de l'Océan. En vous lisant, je me souvenais de cette conférence où M. Copin-Albancelli, recherchant quelle pouvait être l'âme de la maçonnerie, concluait de son universalité à une inspiration juive.

La République d'Haïti aurait donc une théocratie à redouter; mais ce n'est pas la théocratie catholique, c'est celle qui poursuit, depuis tant de siècles, son rêve fou de mondiale domination. Pourtant si j'envisage la question de haut, en négligeant les difficultés de l'heure présente, je suis bien rassuré. La judéo-maçonnerie peut exercer là comme ailleurs son action destructive. Quant à soumettre des fétichistes d'une manière un peu durable à sa domination, elle n'y parviendra pas.

ANTOINE BAUMANN,
Membre de l'exécution testamentaire
d'Auguste Comte.

LA FRANCE EN HAÏTI

« Dans toutes les colonies, les prêtres et les congrégations ont rendu de très grands services au point de vue de la colonisation. Ils sont beaucoup plus au courant des affaires que nos fonctionnaires civils. »

F.·. DAURIGNAC (de la loge PATRIE). *Procès Humbert.*

De l'histoire de la république d'Haïti et des observations qu'on peut faire dans le pays, il résulte que les nègres haïtiens sont de grands enfants trop tôt abandonnés à eux-mêmes. D'un naturel rendu vicieux par les brutalités auxquelles ils ont été livrés dans la personne de leurs ancêtres, ils sont, comme beaucoup de blancs, menteurs, chapardeurs, féroces dans leurs passions et apathiques dans leurs souffrances, faute d'initiative. Héritiers d'un territoire extraordinairement riche, ils sont trop paresseux pour s'en rendre compte et ils se laissent gruger par des hommes d'affaires et par les chefs des partis politiques. Ayant la faculté de renvoyer le magister qui leur déplaît, ils changent souvent de président, sans réfléchir que chacun d'eux, en partant, se paie à lui-même d'avance quelques années de traitement en guise d'indemnité.

Un pédagogue passa qui, bienveillant, se fit aimer des grands enfants et chercha à refaire leur éducation manquée.

L'Église catholique fut ce pédagogue. Il entra en fonctions en 1860 à la signature du Concordat.

Il convient d'examiner les principes sur lesquels il appuie son système d'éducation, les efforts qu'il tenta, et les obstacles qui lui furent opposés.

Principes. — Tous les peuples ont vécu à l'ombre d'une religion. La valeur positive des religions dépend évidemment de la valeur civilisatrice qu'elles présentent, c'est-à-dire de leur aptitude à relier (*religare*) entre eux les individus, à l'aide soit d'une idée, soit d'une entité intermédiaire, une morale ou une divinité.

Or l'expérience a démontré que la religion fétichiste à laquelle étaient attachés les ancêtres africains (dont le sang étouffe encore les nègres d'Haïti, au point qu'un journal de Saint-Domingue a pu dire qu'Haïti était un morceau transplanté d'Afrique), n'a pu enlever aux nègres certains sentiments d'égoïsme exclusivement matériel, ni les faire sortir de l'état d'infériorité où ils croupissaient.

D'un autre côté, on ne saurait logiquement attendre aucun bienfait civilisateur d'une religion comme le protestantisme qui prétend exulter une individualité qui n'existe pas, ou à peine pour la majorité des nègres, au lieu de subordonner, par l'intermédiaire d'une autorité puissante, les consciences naissantes à la communauté. Par contre on doit donc dire que toute religion qui assure le respect de l'autorité et donne la notion de la hiérarchie, sera capable d'amender des populations restées amorphes à force d'égalité dans la bassesse.

Les religions musulmane et catholique sont dans ce cas.

Or, il est certain, en dehors de toute préférence confessionnelle, que la religion catholique par ses mystères, ses solennités du culte, par quelques-unes de ses pratiques extérieures, convient le mieux au besoin de religiosité des nègres, à leur amour du brillant, à leurs traditions fétichistes. Ses tendances éminemment conservatrices et créatrices de la famille constituent un excellent frein à des passions encore quelque peu animales. Par surcroît, et cela donne une grande autorité à la prédication des prêtres catholiques dans la république *libre et indépendante* d'Haïti, la formule républicaine se trouve être un dogme pour le prêtre. Ce dernier revendique en effet comme sienne la magique attirance des mots *Liberté* — véritable indépendance de l'âme, — *Égalité* — sous la terrifiante suprématie divine, — *Fraternité* — qui est l'amour du prochain. Il ajoute à cette trilogie les correctifs nécessaires pour la rendre civilisatrice : devoirs envers soi-même, respect de l'autorité, devoirs envers autrui.

Bien loin de nous l'idée que certaines natures ne puissent pas arriver à la conception d'une morale civilisatrice en dehors de la croyance aux dogmes catholiques, mais, cela est un fait, l'amour du prochain et la fièvre de l'apostolat se rencontrent rarement en dehors de ces dogmes sans être mélangés à des sentiments égoïstes et mercantiles.

Ce qui importe de dégager très nettement ici, c'est l'influence énorme de la religion catholique sur le caractère et les mœurs des peuples enfants, donc sur leurs lois et leur civilisation. Auguste Comte l'a reconnu en disant :

« Le catholicisme fut le promoteur le plus efficace du développement populaire de l'intelligence humaine. » C'est au catholicisme en effet, à sa vertu éminemment créatrice de dévouements que le vieux monde a dû la transformation des Barbares sous lesquels il avait été submergé. C'est aussi à lui que les protagonistes de la morale sans sanction — à commencer par le conventionnel Volney — ont emprunté tous leurs principes.

Antécédents religieux du pays. — Dès la conquête du pays, quelques moines, les capucins au Nord, les dominicains au Sud, s'efforcèrent d'évangéliser les masses. Quelques-uns eurent sur les aborigènes une véritable et heureuse influence : c'est grâce au P. Remy que le cacique Henry, retranché dans le massif de Bahoruco, renonça à attaquer les Espagnols ; c'est l'influence du P. Las Cases qui amena les derniers Haïtiens à se fondre dans la population coloniale à la fin du XVIe siècle.

L'éloignement constant de l'autorité supérieure ecclésiastique fut cause d'un relâchement de la discipline : « Quel lamentable souvenir de l'Église en Haïti, dit M. V. Lizaire dans un discours à la Chambre en 1863 ; quelques moines échappés de leurs couvents offrent le spectacle de leurs dérèglements. Nulle part dans la chrétienté, le clergé n'a profané autant qu'en Haïti le sacerdoce dont il est revêtu. » Le fait n'a rien d'extraordinaire pour qui a pu se rendre compte des tentations auxquelles exposent le pays et ses habitants, l'influence avachissante du climat lorsque la résidence y est prolongée ainsi que de la profonde immoralité naturaliste de la race nègre..

Quoi qu'il en soit, après l'affranchissement du pays, le gouvernement haïtien (1) eut pour premier soin de suivre la voie tracée en France par la Constituante et d'anéantir l'influence de l'Église. Il ne se rendit pas compte qu'il ne s'agissait pas en Haïti de démolir une puissance dans l'État comme dans la France de 1791, mais bien d'édifier *de toutes pièces* la civilisation haïtienne sur les ruines absolument inutilisables de la civilisation coloniale. Le président Boyer promulgua en 1819 la loi curiale qui le rendait souverain au spirituel comme au temporel. En 1835, le Code pénal de Pétion renchérit sur le Code Napoléon et se fit draconien contre l'Église. Ce fut une grave erreur. Le Code Napoléon en effet s'appuyait sur un schisme voulu.

(1) Tous nos renseignements sont pris directement dans les journaux officiels du pays et dans les mandements de l'évêque de Port-au-Prince.

avec l'Église — réparé bientôt, il est vrai, par un Concordat, — afin d'éviter des abus administratifs. En Haïti au contraire il ne pouvait y avoir d'abus administratif, l'État ne possédant alors aucune autorité administrative réelle qui pût suppléer à l'embryon d'organisation présenté par l'Église, pauvre et sans aucun pouvoir. La seule constatation d'ailleurs que la question de l'esclavage avait été réglée conformément au sentiment chrétien aurait dû faire reconnaître l'alliance avec les prêtres comme étant, dans l'anarchie ambiante, l'intérêt d'Haïti.

Donc, avant le Concordat, le clergé haïtien s'est trouvé dans une situation anormale. « Le pouvoir civil, s'arrogeant la juridiction spirituelle gouvernait avec une autorité absolue ce fantôme d'Église. La corruption des mœurs, l'asservissement, la vénalité des consciences étaient partout; le pouvoir chercha des curés à son image, et la cupidité, l'ambition, les plus scandaleux exemples rendirent bientôt impossible la continuation de pareils errements. » (Mgr Guilloux, Mandement.)

Concordat. — En 1860, le président Fabre Geffrard fut enfin persuadé que la confusion des pouvoirs, jusqu'alors en honneur, qui lui donnait la direction religieuse était contraire aux véritables intérêts du pays et qu'une institution laïque ne pourrait jamais réformer un clergé influent et démoralisateur. Il se décida à traiter avec le Saint-Siège et à signer le Concordat, d'après lequel :

1) La nomination des évêques appartient au gouvernement seul. Le Saint-Siège donne ensuite, s'il le juge bon, l'institution canonique.

La querelle récente en France du *Nominavit nobis* est ainsi résolue, en Haïti, au profit du gouvernement. Cette clause, qui n'existe pas dans le Concordat français de 1802 et qui a tant empêché de dormir M. Loubet et le frère maçon Demay, directeur des Cultes, était, politiquement parlant, nécessaire dans un pays comme Haïti dont la fibre de l'indépendance est si chatouilleuse. Les considérations qui avaient amené la signature du Concordat étaient pour le Saint-Siège un sûr garant de bonne entente. Effectivement, après la révocation illégale de Mgr Testard du Cosquer — le même qui avait négocié le Concordat, — le gouvernement haïtien nomma Mgr Guilloux, son secrétaire, qui n'avait cessé de protester contre cette révocation.

Les curés sont nommés par les évêques seuls. Le gouvernement les agrée.

Je n'ai relevé à ce sujet que trois conflits,

encore était-ce pendant la terrible révolution de 1868 (1). C'est peu, et cela dénote un grand respect des conventions de la part de gouvernements issus de révolutions, qui pourraient ainsi être cités comme exemple à bien des États européens. (Se souvenir de l'incident Mermilliod en Suisse, 1874; du Kulturkampf en Allemagne, à la même époque, et de l'endémie anti-concordataire qui sévit depuis longtemps en France.) L'évêque de Port-au-Prince se contenta dans ces trois cas d'interdire aux curés d'Haïti de recevoir ces curés civiques dans leurs églises, dont ils ont légalement la police exclusive, de sorte que, régulièrement, les commissaires de police auraient été obligés, le cas échéant, de prêter main forte contre le curé nommé par le gouvernement.

2) Les prêtres doivent prêter le serment concordataire devant le juge de paix depuis 1864. Sa formule est la suivante :

« Je jure et je promets à Dieu, sur les saints évangiles, comme il convient à un évêque (un ecclésiastique), de garder obéissance et fidélité au gouvernement établi par la constitution d'Haïti, de ne rien entreprendre ni directement

(1) Buscail, aumônier de l'Armée ; Morati, curé de la grande Rivière du Nord, et le Curé de l'Archaie, nommés directement par l'État.

ni indirectement qui soit contraire aux droits de la République. »

Il est curieux de noter que très peu de fonctionnaires prêtent serment de fidélité au gouvernement. La formule concordataire a cela de particulier que, très large, elle permet aux prêtres de se tenir en dehors des troubles politiques tout en donnant aux partis vaincus, dans les cures et les églises, un abri tacitement reconnu inviolable par le vainqueur, jamais sûr du lendemain. Cette inviolabilité de fait des cures est manifestement une conséquence du Concordat qui a permis le bon recrutement du clergé.

3) Le gouvernement doit participer à l'entretien du séminaire et assurer un traitement aux ecclésiastiques concordataires sur les fonds du trésor, de 19,5 piastres par mois (39 francs au change actuel, 1903).

4) La loi dit que la religion est la base essentielle de l'instruction publique en Haïti.

Ces deux clauses semblent théoriquement contraires au principe de la libre concurrence des doctrines, d'autant plus que, *en fait*, la religion catholique est seule à profiter de la dernière. Leur acceptation par le gouvernement haïtien est l'aveu de l'inaptitude des citoyens insuffisamment éclairés de faire librement choix d'une doctrine.

5) Il est interdit aux curés de baptiser et de marier sans le vu des papiers de l'état civil.

Nous touchons là à la cause perpétuelle des conflits, à la limite des pouvoirs laïcs et religieux.

En France, la Constituante ne prohiba pas le baptême à défaut des actes civils, parce que, dit le rapport, « la nécessité du baptême immédiat en raison du danger de mort peut toujours être invoqué ». La police administrative y était suffisante d'ailleurs pour assurer la déclaration des enfants, faite *gratuitement*. On obtint facilement que le mariage civil précédât le mariage religieux grâce aux mœurs, à la proximité des maisons communes et aux facilités de communications.

Il n'en était pas de même en Haïti où il s'agissait de construire de toutes pièces une société, où il était reconnu que l'influence religieuse pouvait seule reconstruire la famille, seule base possible des sociétés, où l'administration existait à un état rudimentaire, où l'immense étendue des communes, grandes comme nos arrondissements, empêchait les officiers de l'état civil de parcourir les mornes.

En fait, donc, au début, les registres des paroisses furent seuls tenus, et l'État considéra les sacrements comme un moyen d'obtenir l'enregistrement des actes d'État civil. La condescendance des prêtres vis-à-vis de l'administration devint une cause de trouble.

L'officier de l'état civil n'étant pas appointé reçoit tant par inscription sur ses registres. Les pauvres, qui ne sont pas exempts de cet impôt, ne peuvent pas faire leur déclaration, puisqu'ils ne peuvent pas la payer.

La communication des registres de la paroisse motivait des poursuites. Le prêtre recevait des reproches de ses ouailles, et le nègre objet de la poursuite s'enfonçait dans la brousse. La non-perception de l'impôt faisait ressortir que le prêtre avait violé la loi concordataire. Le clergé en vint tout naturellement par la suite à refuser la communication de ses registres et il fut accusé en conséquence de vouloir créer un État dans l'État.

Nous reviendrons sur cette question.

6) La loi règle l'organisation des fabriques (son application rencontre de grosses difficultés pour le choix des administrateurs et leurs réunions mensuelles).

7) En 1863, le gouvernement demanda le concours de la religion pour la célébration des fêtes nationales : l'Indépendance, 1er janvier; Dessalines, 2 janvier; Pétion, 2 avril; Agriculture, 1er mai; Guerrier, 3 juin; Restauration de

la République, 22 décembre, et la fête du président d'Haïti.

Le président Geffrard avait reconnu en effet combien les pompes de l'Église avaient d'influence sur ses concitoyens. Il promit en retour son concours franc et loyal pour que la religion catholique ait toute liberté de jouir de ses droits et attributs propres.

Application du Concordat. — D'une manière générale, on peut dire que le Concordat fut observé de part et d'autre avec loyauté. Les conflits dont les mandements et les instructions épiscopales de 1860 à 1885 portent la trace, ou bien furent sans importance, ou bien eurent une origine étrangère aux parties contractantes.

On a déjà constaté l'esprit conciliant du gouvernement haïtien nommant évêque le secrétaire de Mgr Testard du Cosquer. La mort de ce dernier avait, il est vrai, sauvé l'amour-propre du président.

L'affectation en 1882 d'un terrain à la construction d'une cathédrale à Port-au-Prince, les demandes par les présidents successifs, par Salnave en 1867, par Salomon en 1884, en particulier, de services religieux, de *Te Deum* et de bénédictions du Saint-Sacrement, de même que les circulaires épiscopales, ordonnant au clergé, après chaque révolution, le respect du gouvernement qui doit sortir du vote des représentants du peuple, démontrent bien le désir réciproque de vivre en bonne harmonie. Si les bourses du séminaire, si les subventions pécuniaires promises aux membres du clergé par la convention de 1862 ne furent pas toujours payées, on peut dire cependant qu'elles le furent dans la même mesure que celles des autres fonctionnaires. L'infortune fut commune à tous. Les écoles congréganistes furent favorisées conformément à la loi, à quelques exceptions près, dont il y aura lieu d'examiner les causes.

Le gouvernement ne réprima pas, il est vrai, certains abus de la presse, tels que la publicité donnée aux comptes de la fabrique de Jacmel en 1877, pas plus que les menaces de certaines autorités subalternes en vue d'empêcher la population de présenter les enfants au baptême, mais il consentit à déclarer l'illégalité de ces abus et de ces menaces.

A plusieurs reprises, en 1878 et en 1880, notamment, les messages présidentiels n'hésitèrent pas à reconnaître que « des rapports suivis avec le Souverain Pontife est sorti un mouvement religieux que la sollicitude éclairée du gouvernement s'empressera de cultiver et d'étendre de plus en plus », et que, « grâce à leur bienfaisante influence, le nombre des baptêmes et des mariages (donc de familles nouvelles puissamment cimentées) s'est considérablement augmenté, tant dans les villes que dans les campagnes ». Le message de Salomon à la Chambre des députés énumère les services rendus par le petit séminaire, collège créé par l'archevêque et le clergé d'Haïti, par le séminaire de Pont-Château en Bretagne (auquel le gouvernement donnait vingt bourses), ainsi que les services rendus par les Sœurs de Notre-Dame de Cluny et les Frères de la doctrine chrétienne dans leurs écoles.

Il y a une ombre au tableau. La loi de 1875 du président Domingue édicte de graves pénalités contre les prêtres qui contreviendraient aux prescriptions relatives au baptême et au mariage dont il a été question plus haut. Plusieurs messages présidentiels contiennent même des menaces.

La discussion sur ce point est intéressante.

L'État dit au clergé : « Lorsque, malgré la loi, vous procédez au mariage religieux et au baptême sans avoir en mains les actes de l'état civil, vous empiétez sur mes droits. Les populations ignorantes et superstitieuses s'imaginent en effet que vos cérémonies remplacent les prescriptions légales et suffisent à créer les droits temporels de la famille. Or ces droits résultent du contrat dont l'État seul peut connaître. Ne connaissez-vous pas la loi de votre pays d'origine, la loi française? C'est la même, pourquoi y contrevenez-vous? »

Le clergé répond : « La loi ne fait pas les contrats, elle les sanctionne. La question est de savoir si les effets du mariage religieux sont utiles à la société, au pays. L'État l'admet. Or, il est nécessaire, pour faire des mariages d'y pousser le peuple et de profiter de bonnes dispositions qui, si elles n'étaient pas suivies d'effet immédiat, ne seraient que passagères. Puisque « c'est votre intérêt de constituer des familles durables, laissez-nous donc célébrer les mariages sinon dans l'église, du moins en face l'église. Si vous craignez la chose impossible qu'après soixante ans d'omnipotence de l'État une confusion s'établisse dans l'esprit des époux, faites-les comparaître devant l'officier de l'état civil qui les instruira — comme nous le faisons nous-même — de la situation où ils se trouvent. »

« En outre, soyez logique, si le mariage est un contrat utile au pays, punissez l'adultère qui, détruisant les familles, devient une insulte à la loi, et réprimez la polygamie. Empêchez du moins l'adultère et la polygamie de s'étaler au soleil chez les fonctionnaires tout en haut de l'échelle sociale : telle est la vraie cause de la désorganisation de l'ordre domestique et social, car l'autorité ne saurait subsister sans le respect pour celui qui la possède. »

« Vous parlez de la loi française, mais en France les communes sont petites, les communications faciles, et surtout, les actes de l'état civil se font gratuitement, tandis que, en Haïti, l'inscription d'une naissance se paie 2 piastres, la publication du mariage 7 piastres, plus les droits de timbre, plus la concussion et le chantage qui ne sont pas rares et qui s'exercent d'autant plus largement que les fonctionnaires changent aussi souvent que le gouvernement. »

« Encore, cette loi française est-elle une loi de liberté? A la Jamaïque, à Saint-Thomas, à Porto-Rico, aux îles anglaises, danoises, espagnoles des Antilles, aux États-Unis où l'on se pique d'indépendance, chacun se marie sans obstacles devant le ministre de son culte et présente le certificat de son union au magistrat civil qui l'inscrit au registre des mariages (1). »

En 1877, le gouvernement sembla avoir com-

(1) Lettres de Mgr Guilloux, de Mgr Hillion, messages présidentiels, *passim*.

pris le point délicat. Il fit abolir par la Chambre les tarifs en vigueur, mais cette nouvelle loi ne fut pas appliquée et les tarifs restèrent, comme par le passé, un véritable impôt sur la moralité publique.

L'argument de l'État est irréfutable en logique pure, mais le clergé remet la discussion sur le terrain positif en tenant compte des contingences.

Ne semble-t-il pas que nous assistions à la même lutte qu'en France entre la manie de la légalité — servie d'ailleurs par le bon plaisir des gouvernants — et l'idéologie d'une part, et, d'autre part, les nécessités locales qui régissent la civilisation propre du pays? Nous trouverons d'ailleurs des indices plus précis de l'analogie entre les deux situations lorsque nous étudierons les obstacles qui se sont opposés à l'influence du clergé en Haïti.

Le Clergé. — On sait combien le rôle du missionnaire est différent de celui du prêtre. Il n'a jamais été précisé et mis en pratique d'une façon plus parfaite que par les « Pères blancs » du Cardinal Lavigerie.

Le Cardinal archevêque d'Alger, avec l'approbation de Pie IX, puis de Léon XIII, voulut que les missionnaires, se serrant autour du drapeau de la France, eussent pour mission de faire des hommes, d'abord, pour faire plus tard des chrétiens.

Au lendemain de 1870, après la révolte, la famine s'abattit sur l'Algérie. Mgr Lavigerie demanda aux séminaristes si quelques-uns d'entre eux voudraient se consacrer exclusivement aux Arabes, les ramasser sur les routes, les soigner, les instruire. La famine ayant cessé, l'objet de la congrégation nouvelle changea. Les Pères blancs sortirent d'Algérie. Quelques-uns furent massacrés par les Touaregs; aujourd'hui, ils parcourent le Soudan et la région des grands lacs.

Ils apprennent l'arabe pendant un an, puis voyagent pendant une autre année, avant d'être chargés d'une mission, prenant les mœurs, apprenant la langue d'une certaine contrée. Ils vont ensuite, seuls ou à deux, se mêlant aux caravanes, s'asseyant dans le cercle des tribus dont ils parlent la langue, parlant de tout *excepté de religion.* L'indigène aime écouter, il s'habitue à ces blancs qui lui donnent des conseils d'hygiène, des connaissances pratiques sur les choses pratiques de la vie, il finit par les respecter. C'est dans le même esprit que Léon XIII a interdit aux ordres enseignants des pays orthodoxes d'Orient de peser sur les élèves pour les amener à la catholicité. Cette abnégation du clergé est certainement la principale cause — j'ai pu m'en assurer — de la sympathie dont jouissent les chrétiens et en particulier les Français — le clergé étant surtout français — en Grèce et en Syrie. La discipline romaine est seule capable de l'imposer à des hommes qui, se faisant religieux, peuvent et doivent s'imaginer que leur mission est de convertir le prochain à la religion catholique.

Le rôle du missionnaire est donc civilisateur plutôt que religieux. Il instruit avant de catéchiser. Le Père blanc Hervieu vint en Haïti en 1881. Sans doute il y eut quelque influence sur le rôle du prêtre qui tient le milieu entre le sacerdoce pur et la mission.

Dans les grandes villes, où leur situation les rapproche du sacerdoce, les prêtres sont obligés à des relations constantes, indispensables avec les autorités civiles et militaires dont la conduite privée est parfois, généralement même, scandaleuse. « Un zèle intempestif d'apôtre serait déplorable dans ses conséquences. La difficulté est grande pour eux de ne pas froisser des amours-propres chatouilleux à l'excès. Ils doivent garder les tempéraments commandés par les circonstances, sinon, fastidieux, insupportables, ils ruineraient l'influence de leur ministère. » (Mgr Guilloux.) Dans les campagnes, le prêtre doit parcourir les mornes pour porter la bonne parole, soigner les malades et civiliser les nègres. Il a son cheval qu'il fatigue, on peut le dire, au service du pays. Il est le seul fonctionnaire qui s'expose à ce soleil ardent pour préparer l'avenir par l'amélioration des citoyens. Le gouvernement sait cela, aussi se plaint-il quelquefois à l'autorité ecclésiastique du manque de desservants dans telle ou telle localité dont la révolution a retiré toute vie.

J'ai été surpris, dans des conditions aussi spéciales, de ne pas trouver pour ainsi dire d'affaiblissement de la discipline ecclésiastique. J'ai bien mangé chez un curé, les vendredis, d'excellents morceaux de lard apportés de France et arrosés de bons vins vieux, mais c'était pour faire honneur au pays. C'est là du reste une licence permise au clergé des colonies espagnoles, par le pape, il y a bien longtemps.

Quoi qu'il en soit, l'existence du prêtre en Haïti est extraordinairement fatigante. La congestion et la pleurésie guettent le cavalier à la longue robe noire, au large chapeau de paille par lequel filtre un soleil homicide, au retour de sa longue course. Les religieux et les religieuses enterrés à Port-au-Prince avaient presque tous de vingt-deux à trente ans. Le recueil des lettres circulaires des évêques de Port-au-Prince est un long martyrologe: En 1861, il y a 42 prêtres; en 1863, 25 avaient succombé. En 1872, il ne restait que 21 prêtres sur les 41 fournis par le séminaire depuis 1864. De 1863 à 1880, plus de 100 prêtres sont morts (indépendamment des religieux réguliers). L'année 1882 fut dure, 14 morts sur un effectif de 80 prêtres. Ne sont pas comptés dans cette nomenclature ceux qui, ne pouvant supporter le climat, ont dû se rapatrier.

La France est le seul pays où se puisse recruter des dévouements pareils, ils viennent de Paris, de Lyon, du Puy, de Besançon, surtout de Bretagne, où se trouve le séminaire spécial de Pont-Château, depuis 1868. Les 120 prêtres actuellement en fonctions étendent leur influence, et l'influence de la France elle-même par les laïcs qu'ils dressent dans les hameaux et villages à la lecture à haute voix et à l'explication du cathéchisme dans des *Ajoupa* ou chapelles rurales. Le progrès social obtenu par ces derniers (tiers ordre de Saint-François) n'est pas niable. Les localités de Baisset, Plaisance, Dessalines, les Verrettes, Artibonite,

Mirabelais, les Côtes de fer sont transformées sous le rapport du nombre des enfants légitimes ou reconnus.

A Port-au-Prince, au lieu de 50 mariages célébrés en 1860, on en comptait 300 en 1877, et la progression augmente.

Le concubinage est en effet la plaie du pays. La plupart des fonctionnaires qui ont à se déplacer ont une concubine dans les diverses localités de leur ressort. Ils évitent ainsi les frais de déplacement. La question de l'entretien n'existe guère pour eux. La promiscuité est excessive dans les cases de village, et aussi dans les appartements des villes dont les chambres sont séparées par de simples cloisons en bois mal jointes souvent et à mi-hauteur, comme on peut le voir même dans les meilleurs hôtels. Les adolescents pratiquent le concubinage sous l'œil complaisant des parents, sous le toit paternel (1). Le mal est si enraciné que l'autorité supérieure ecclésiastique dut déléguer aux simples curés le droit de dispense au 2e degré d'affinité et de consanguinité.

Aussi une lutte de tous les instants est-elle engagée par le clergé pour la régularisation

(1) La chose se pratique ainsi à la Guadeloupe même, d'après le Dr Corre, dans son livre *Nos Créoles*, chez Savine, Paris.

des situations, généralement monogames parmi le peuple à cause de la misère.

Les efforts incessants dans ce but produisent à la longue sur les habitants une suggestion mentale qui a le plus souvent son dénouement lors de la tournée pastorale de l'évêque. Ce dernier trouve en effet le terrain ensemencé, préparé pour l'amélioration sociale. L'impression profonde produite sur les individus par les pompes inusitées de l'église permet au prélat de faire ce qu'il appelle la *Moisson des Ames*. L'évêque, il est vrai, est pris entre sa conscience qui lui fait un devoir d'exercer son ministère spirituel — et les menaces légales, car il y a impossibilité d'obtenir à temps les actes civils en raison de l'éloignement des mairies et de la pauvreté des conjoints — qui s'y opposent. Il n'hésite pas et fait bien. Il marie *en face* de l'église et la civilisation y trouve son compte.

Suggestion prolongée, solennité religieuse inusitée sont les deux facteurs généralement inséparables et nécessaires de ce résultat indispensable au progrès social : Création des familles...

Suggestion prolongée ! Le terme peut déplaire aux catholiques qui viennent de voir la thèse de l'abbé Loisy condamnée par la Cour de Rome. C'est bien pourtant le terme à employer dans cette étude qui n'est pas de l'apologétique chré tienne mais seulement une constatation de faits. J'ai pu voir moi-même le résultat de cette suggestion — c'est-à-dire de l'ensemble des moyens propres à amener l'adhésion de la volonté — sur le général haïtien âgé de cinquante ans qui fournissait chaque matin le poisson à notre maître coq. Il vivait en concubinage depuis vingt ans. L'aîné de ses cinq enfants vivants avait vingt-deux ans. Je lui exprimais mon étonnement qu'il n'eut pas convolé plus tôt en justes noces : « Pé bon, Pé content », me répondit-il. Il avait voulu contenter le curé qui venait souvent le voir.

Solennité religieuse inusitée : l'importance de ce facteur se comprend facilement en songeant à l'affluence des populations sur la route suivie par l'évêque en tournée et est démontrée par le nombre des mariages coïncidant avec les cataclysmes, si nombreux en Haïti : Incendies de Port-au-Prince (1865, 1866), fièvre jaune de 1867, incendies de Miragoane (1879), de Pétionville (1883), de Jérémie (1884), ouragan de 1878, sinistre maritime du *Bolivar* abordé par le *Saint-Michel*. Le clergé dans ces circonstances fut admirable de dévouement. Pendant l'épidémie de variole en 1882, un mandement épiscopal prescrit aux desservants de veiller à ce que les soins soient bien donnés aux malades. Par exemple :

« Ne pas appliquer de l'urine sur l'éruption quand elle est séchée, comme les nègres font habituellement, mais de l'huile d'olive. Ne pas jeter les effets du malade dans la rue, mais les brûler. » L'évêque se rend sur le lieu du sinistre et sa récolte est bonne.

Au contraire, après l'incendie d'un hameau de Leogane, dépourvu de prêtres et livré aux pratiques du Vaudoux, l'évêque se plaint de ne pas avoir trouvé une âme à glaner.

Le Vaudoux ! grande plaie des pays noirs, fibrome indéracinable, même dans notre colonie de la Guadeloupe, parce que ses pratiques sont la satisfaction des basses passions physiques et morales et l'image, pour une race encore en enfance, de la nature en rut. Il se cache avec soin. Je doute même que les efforts du clergé puissent l'atteindre dans la partie qui est son essence même. Il faut un long temps pour faire disparaître le Humfort, encore est-il beaucoup de cases où la couleuvre et la chandelle piquée d'épingles se cachent près du crucifix.

Symptôme grave : le Vaudoux reparaît depuis que le catholicisme est attaqué d'une façon plus directe et qu'il rencontre davantage d'obstacles. Voir l'appendice.

Contre-catholicisme. — Quelques points du

Concordat, ont donné lieu à des conflits, non directement imputables aux parties contractantes. Il est bon d'en rechercher les causes.

Le message présidentiel de 1878, de Boisrond-Canal, réunit dans ses éloges « les prêtres catholiques et les protestants paisibles », puis, immédiatement, il sépare les premiers des seconds en prononçant des peines contre les curés de l'Anse à Veau, de Cavaillon, de Mirabelais et de Petit Goave, pour avoir fait des mariages en face de l'église, il fait des allusions défavorables à l'entourage de l'évêque, puis, pour bien montrer sa sympathie contre-catholique, il fait une concession de terrain au ministre (?) protestant de Tarbeck, où il n'existait pas de protestants.

De même le président Salomon en 1880, tout en reconnaissant les services rendus par le clergé à la civilisation, adresse un blâme à l'évêque pour ces mêmes mariages en face de l'église et donne des louanges aux protestants. Alors que les protestants, d'après les statistiques faites par le clergé, sont à peine un millier à cette époque, le message déclare fonder les plus grandes espérances pour l'avenir moral et religieux de la population dont le quart, dit-il contrairement à l'évidence même, appartient à la religion réformée. Il parle des églises Wesleyennes de Lascaobas — où il n'y a pas de temple, mais seulement un charpentier qui réunit quatre coréligionnaires — de celles de la Passe, de Jérémie, où il n'y a pas de protestants — et des efforts tentés par les différentes Églises dans le double intérêt de la morale et de la réforme de l'Agriculture. Le message revient sur ce que les baptêmes et les mariages non précédés de l'inscription à l'état civil font le plus grand tort aux familles elles-mêmes au point de vue civil.

La Chambre, dans sa réponse au message, oppose la conduite de l'archevêque de Port-au-Prince à celle de son subordonné Mgr Hillion, évêque de Cap-Haïtien, contre lequel aucune plainte n'avait été portée (il faut noter que la conduite de ce dernier avait été identique) et elle déclare que Mgr Guilloux est en opposition avec le Saint-Siège.

Étant données les relations générales du gouvernement, considéré comme une entité, avec l'Église, on ne peut guère accuser les parties contractantes de mauvaise volonté flagrante. Il semble au contraire, par les détails qui précèdent, que nous sommes en présence d'un courant d'idées inconnues, insaisissables, incohérentes et, dans leur application, intermittentes et personnelles.

Mgr Guilloux, dans sa réplique, réfute, victorieusement semble-t-il, l'argument relatif aux familles par la constatation que les époux mariés à l'église ne se font de ce fait aucun tort. Ils continuent simplement en effet, vis-à-vis de l'État, à vivre librement en concubinage. Ils imitent en cela les plus hauts fonctionnaires. A propos des réformes agricoles qui devraient être confiées à de prétendus « ordres » protestants, l'évêque fait observer que le Gouvernement lui a refusé la concession d'un terrain en 1879, lorsqu'il eut l'idée de fonder un institut agricole catholique, et il ajoute : « Tout se passe comme si l'Etat, certain de ne pouvoir rien faire en ce moment sans l'aide de la religion, consentait à accorder encore une certaine considération à ses ministres, mais avec l'espérance de se passer de son ministère. » Puis il s'écrie. « Il y a des raisons secrètes dont le soi-disant intérêt des familles n'est que le prétexte apparent pour ces blâmes solennels !... » Ces centres créés de toutes pièces en faveur du protestantisme ne sont que des oppositions aux curés. *Il ne s'agit donc que de décatholiciser Haïti.* »

Voilà de bien gros mots dont on pourrait dire qu'ils sentent le dépit de ne pouvoir empiéter davantage sur les attributions de l'État, si le caractère de celui qui les écrivit et la profonde misère économique et sociale du pays ne nous engageaient à chercher s'il y avait nécessité de les écrire.

Il convient pour cela de remarquer d'abord que la vie privée d'un grand nombre, de la presque totalité des hommes politiques et des fonctionnaires du pays nous autorise à leur supposer un secret penchant — bien intéressé — pour une religion dont Henri VIII aux quatre femmes fût le premier pape. Cela est évidemment leur droit, mais il est difficile de croire que le gouvernement, tout en affirmant la liberté de croyances, renoncerait de gaieté de cœur au puissant facteur de civilisation qu'offre le catholicisme à un pays plongé dans l'anarchie. Ce serait un crime de lèse-nation.

Il faut donc chercher ailleurs le mobile de cette manière de faire.

L'observation et la logique fournissent d'abord une raison toute naturelle.

Les religieux élèvent des garçons, les religieuses élèvent des filles. A défaut d'autres avantages, il y a dans ces écoles tenues par des Français celui d'apprendre la langue française aux enfants. Cet avantage est considérable en Haïti où, pour faire l'éloge d'une femme, on dit : « Elle parle français comme une Française », absolument sur le même ton que l'on dit en France : « Elle est instruite, musicienne, elle a tout pour elle. » Il semble en effet que le parler nègre est tout à fait insuffisant quand il s'agit d'exprimer des sentiments. Une négresse auprès de son *moin doudou* ne parle pas, elle donne seulement une inflexion particulière à un son guttural émis sans desserrer les lèvres ni les dents : Hum, hum... Les jeunes filles élevées par des Françaises sont donc très prisées des hommes de couleur. Elles savent parler.

Or, les religieux songent tout naturellement à faire des unions entre leurs élèves, et il n'est pas d'éleveur, si anticatholique qu'il puisse être, qui ne considérerait ces unions comme un excellent procédé d'élevage et d'amélioration de la race par la sélection artificielle.

Ces unions préparées par le clergé ne sont pas du goût des fonctionnaires : elles limitent les appétits libertins et retranchent de la chair à plaisir. Qu'on ne m'accuse pas d'émettre là une simple opinion, une pure supposition : plus d'un missionnaire, de quelque nationalité qu'il soit, pourrait citer des exemples de ce genre dans les colonies européennes.

Il y a encore une autre raison, plus importante.

Franc-Maçonnerie. — Le gouvernement en 1876 avait donné l'appui de la publicité du *Mo-*

niteur haïtien à la fondation de l' « Institut universitaire des Antilles », sous la direction d'un « Évêque ». Il s'agissait d'un évêque de l'Église anglicane (Anglo-Américaine). Cette annonce constituait une véritable contrefaçon, une tromperie sur la qualité de la marchandise dont le gouvernement, par ailleurs fidèle au Concordat, n'avait pas dû s'être rendu sciemment coupable,... à moins de visées occultes anti-catholiques.

Ce même *Moniteur haïtien*, sous le président Boisrond-Canal, fulmine contre la « domination, les empiétements du clergé, l'obscurantisme clérical, contre l'importation en Haïti des ruines décrépites du moyen âge ».

Ce passage édifie complètement sur le but anti-catholique poursuivi par le président Boisrond-Canal.

La domination du clergé, ses empiétements, désignent la tenue des registres des paroisses à côté des bureaux de l'état civil incapables de tenir les leurs. Il eût été pourtant bien simple et logique de la part de l'État de profiter des registres paroissiaux, sans en tirer un prétexte à poursuites anti-catholiques.

L'obscurantisme clérical, c'est l'ensemble des écoles congréganistes et de celles surveillées par les prêtres, par les frères de la doctrine chrétienne, les Pères du Saint-Esprit, les sœurs de Cluny, les sœurs de la Sagesse, venus à temps en Haïti pour décharger le clergé séculier de ce soin dans les villes principales comme : Port-au-Prince, Saint-Marc, Jacmel, etc... L'obscurantisme clérical ne peut signifier que la mise en pratique de ce principe qui ne veut pas séparer l'éducation de l'instruction, surtout pour les esprits simples et non encore formés. Il est pourtant bien évident au point de vue positiviste que, si l'on ôte le frein religieux dans les écoles, l'indocilité, la paresse, la révolte même trouvent un terrain propice à leur développement; que la religion, quelle qu'elle soit, remue profondémment les intelligences; que les terreurs et les espérances de l'avenir, de l'au-delà même, ont un effet répressif contre les vices naissants, précisément à un âge où les vices sont le plus dangereux pour les individus. — Or, il n'y avait pas d'autres écoles que les écoles congréganistes; on verra par la suite que les tentatives des protestants pour leur en substituer d'autres avaient échoué.

L'importation en Haïti des mœurs décrépites du moyen âge ? Que cela peut-il indiquer, sinon les usages de la religion catholique ?

Les termes employés n'avaient sans doute

aucun sens pour le président Boisrond-Canal à qui pourtant ils suffisaient pour affirmer que l'Église était un « État dans l'État ». En revanche, ils sont pour nous de vieilles connaissances. Stéréotypés en quelque sorte dans la bouche des déclamateurs francs-maçons, ils sont la marque de fabrique maçonnique des discours et des écrits où ils sont reproduits, que ce soit en France, en Haïti ou ailleurs.

Effectivement, à l'époque considérée, le très illustre Boisrond-Canal, président de la république était le grand protecteur de la franc-maçonnerie en Haïti. Dès 1872, le Grand Orient de France était en relations avec l'obédience d'Haïti par son représentant, le frère Bourjolly, sénateur, qui donna son nom à une rue de Port-au-Prince. En consultant l'annuaire de la respectable loge du Mont-Liban, n° 22, pour 1877-1878, on peut s'assurer par le nombre de maçons employés du gouvernement de la puissance de cette secte (Voir à l'Appendice l'étude spéciale de cet annuaire) et comprendre son intervention dans les sphères gouvernementales.

Ce trait de lumière permet de retrouver facilement dans la suite des faits la tactique habituelle de la franc-maçonnerie : Ton d'assurance pour en imposer aux simples, apparence d appui sur les principes d'honnêteté et même de respect pour la religion qu'il ne faut pas attaquer directement avant le moment propice. En attendant, s'en prendre aux personnes, à des faits isolés, opposer prêtre à prêtre, évêque à évêque, provoquer de toutes façons l'examen et la critique qui fatalement, sans découvrir la Maçonnerie, finiront par trouver un terrain propice à la malveillance. Il n'y aura plus alors qu'à laisser faire, la situation deviendra impossible pour la victime.

A ces moyens immédiats viennent s'ajouter les moyens détournés, à longue échéance, dont l'emploi est décidé d'une façon générale par un mystérieux conseil occulte, dont Disraéli, un jour, a avoué l'existence. Parmi ces moyens il faut compter l'alliance avec le protestantisme.

Protestantisme. — Il est vraiment illogique de la part de prétendus amis du progrès de vouloir reléguer le sentiment religieux dans la sphère des idées abstraites. Cette façon de faire détruit la valeur éminemment sociale des religions à cause de l'exaspération des caprices individuels et de la suppression de la contrainte à laquelle l'homme est convié pour s'amender lui-même. L'anomalie devient flagrante quand il s'agit d'améliorer l'esprit et les mœurs des nègres par la religion réformée qui élève précisément en dogme le caprice et l'infaillibilité de la conscience.

Les plus doctes pasteurs ne peuvent se mettre d'accord sur les dogmes et vous voulez donner à des intelligences non encore préparées le droit d'interpréter les écritures! « La malheuseuse République trouvera-t-elle dans les discussions théologiques l'unité dont elle a besoin avec l'espoir et les consolations nécessaires? Ce pays ruiné, cette agriculture anéantie trouveront-ils un renouveau, une réforme pratique dans l'intervention d' « ordres religieux protestants »? Ces termes jurent entre eux. Le pasteur ne fut jamais dans les pays à coloniser que le commis voyageur du trafiquant. Lui-même marchand de bibles, il est le précurseur des vautours de la finance. Un ordre religieux d'ailleurs, par définition, suppose une règle, une discipline, tandis que le protestant est un individualiste réfractaire à la règle et à la discipline morale.

Pour expliquer cette alliance, il suffit de remarquer que le protestantisme sert la franc-maçonnerie d'une façon générale par son influence anarchique dans le monde des idées et de la politique. Il favorise donc la désagrégation des forces catholiques (1). Il doit la servir plus efficacement encore en Haïti, et c'est ce qui décida sans doute le président autocrate de la république noire, parce qu'il autorise dans la conscience de celui qui l'embrasse — Calvin à Genève, Knox en Ecosse — l'emploi des moyens les plus répréhensibles pour faire prévaloir ses idées, espionnage, délation domestique, suppression des libertés publiques.

La République d'Haïti fut donc inondée de bibles falsifiées vendues à bon marché. On en voit la preuve dans la recommandation faite (ce qui est un comble) aux prêtres de s'assurer de l'origine des bibles employées par les instituteurs et les religieux. Ensuite, l'Église épiscopale anglo-américaine tenta, avec l'appui du *Moniteur*, de fonder une Église nationale dite « catholique, apostolique, haïtienne ». C'était la suite de la tentative faite par Salnave en 1869 de dénoncer le Concordat.

Nous avons déjà parlé de l'aide apportée à l'essai d'un institut universitaire des Antilles par le président Domingue, successeur désigné de Nissage Saget, grand protecteur de la ma-

(1) D'après Mgr Guilloux (lettres pastorales), il agit plus directement encore dans le sens anti-chrétien, c'est-à-dire juif : « D'après M. de Gasparin, sur 700 ministres protestants, 200 seulement croient à la divinité de Jésus-Christ. »

çonnerie en Haïti. Cette fondation était conforme au plan colossal d'éducation athée (godless) inauguré dans le pays catholique d'Irlande au moyen d'un système général d'écoles soi-disant « nationales » d'où tout emblème religieux, tout catéchisme était formellement banni. Cet essai ne réussit pas en Irlande à cause de l'opposition qui fut faite par les protestants eux-mêmes encore insuffisamment suggestionnés. Il fut renouvelé en Angleterre à l'époque de l'« Education Act », d'après lequel l'enseignement religieux devait être donné dans les écoles par l'Église d'État, le « Churhhof England » (1). Il y eut alors une vive effervescence chez les méthodistes et les non-conformistes, mais le gouvernement anglais, pourtant éminemment maçonnique, n'osa pas imposer dans un pays protestant la série de mesures liberticides que les laquais de l'Angleterre imposèrent à la France en 1903 et surtout en 1904.

On ne peut nier que le rapprochement de tous ces efforts épars dans un même sens tend à faire croire à l'existence d'un plan de décatholicisation dont la réalisation s'appuie, suivant les pays, sur des moyens différents. La thèse de M. Copin-Albancelli sur l'existence d'un

(1) Voir la *Libre Parole* du 2 octobre 1903.

pouvoir occulte universel judéo-maçon, reçoit de ce rapprochement une force singulière (1).

Il faut remarquer ici avec quelle facilité la franc-maçonnerie sait surseoir à l'application de certaines mesures qu'elle juge inopportune après un commencement d'exécution.

L'essai de création d'un Institut universitaire des Antilles sous la direction d'un évêque wesleyen a été fait par le président Domingue. Ce dernier avait été désigné par Nissage Saget lui-même comme son successeur, en ce sens que Saget, avant de se retirer, avait donné à Domingue le commandement de l'armée haïtienne. C'est la méthode usuelle. Domingue n'était donc que le continuateur de Saget. Or il est curieux de constater que c'est Nissage Saget, grand protecteur de la maçonnerie en Haïti qui avait, en 1871, mis fin au schisme de Salnave de 1869 en nommant archevêque de Port-au-Prince Mgr Guilloux, propre secrétaire général de Mgr Testard de Cosquer révoqué par Salnave, le protecteur du Vaudoux.

Saget s'était rendu compte que l'Église, seule

(1) Avant de partir pour le Sud Afrique, le colonel de Villebois-Mareuil qui s'était souvent rencontré avec M. Copin-Albancelli, avait été déjà frappé par cette idée qu'il avait exprimée dans le *Correspondant* des 25 février 1898 et 10 décembre 1899. (Voir Villebois-Mareuil. *Son idée, son geste*, p. 19. Imprimerie Levé, 1902.)

force organisée en Haïti, ne devait pas encore être attaquée directement. Il la faisait seulement attaquer en dessous par son frère, riche propriétaire à Saint-Marc, que j'ai eu l'occasion de rencontrer et même d'apprécier. M. Saget, de Saint-Marc, se ruina dans l'organisation et la construction d'une école laïque dans cette ville en concurrence à l'école des Frères. Il s'est plaint à moi-même que son frère, le président, après l'avoir encouragé, lui avait refusé son aide pour trouver des élèves. Domingue continua les errements de Nissage Saget. Quand, en 1876, Boisrond-Canal fit assassiner Rameau et Domingue, Saget frère fut arrêté. Le nouveau président, grand protecteur de la maçonnerie, fit relâcher l'ancien protagoniste des écoles laïques, en souvenir des services qu'il avait rendus à la cause.

On peut s'étonner que le F.·. Boisrond-Canal ait montré une telle haine contre un gouvernement issu des projets maçonniques du F.·. Nissage Saget, grand protecteur de la maçonnerie. Il semblerait que le sectarisme d'un maçon doive s'arrêter quand il ne s'agit que de vengeance contre l'opportunisme d'un autre maçon. Il n'en est rien : la franc-maçonnerie ne donne pas d'ordre, elle agit par suggestion. Elle laisse donc ceux qui ne sont pas initiés à la direction occulte centrale agir d'après leur caractère propre. De là résultent quelquefois de profondes divergences de vues et même de graves querelles où l'on « se fusille allègrement », comme en Haïti depuis cent ans, comme en France il y a cent ans.

Un profane peut voir dans ces divergences de vue une preuve de la non-existence d'un plan occulte, mais un homme averti comprend les violences des Girondins contre les nobles francs-maçons, des Montagnards contre les Girondins, de la Commune contre les Montagnards. Il saisit la relation qui existe entre les journées de Septembre, de Germinal et de Thermidor. Plus près de nous, les discussions qui se produisirent au sein des loges, au moment du Boulangisme, discussions qui ont bouleversé les loges, montrent même que les vérités maçonniques distillées par le pouvoir occulte peuvent être diversement appréciées par les divers francs-maçons du Grand Orient et par ceux de la loge Écossaise, sans que cependant les uns et les autres cessent, dans l'état de suggestion où ils se trouvent, d'appliquer les principes communs à toute l'association.

Franc-maçonnerie locale. — La franc-maçonnerie a toujours été très puissante dans les Antilles Noires. L'indication de l'emplacement des loges sur les cartes marines, déjà anciennes, presque muettes cependant pour l'intérieur des terres (Cartes de Pointe-à-Pitre — Cap-Haïtien) en serait déjà une preuve. On sait de plus que, dès l'année 1761, elle y était assez répandue pour que le juif Stephen Moriss fût nommé grand inspecteur maçon à Saint-Domingue (1). En Haïti la plupart des fonctionnaires lui doivent actuellement leur fortune politique et administrative qui entraîne la fortune économique.

Dans les villes, les dispositions de la loi haïtienne sont restrictives de la liberté de réunion. Quelques nègres gais et bons enfants en sont fort gênés. Il se trouve toujours un fonctionnaire zélé en quête d'avancement qui suggère l'idée de former une loge pour profiter de ce que les réunions maçonniques ne sont jamais dérangées par la police.

« Croyance à un être suprême, liberté, égalité, bienfaisance, pratique de toutes les vertus », est un programme très acceptable pour un citoyen libre et indépendant qui brûle, en devenant maçon, d'étudier cette science de la philo-

(1) Voir la *Bastille* du 16 mai 1903.

sophie dont auparavant il n'avait jamais entendu parler. Il profitera par surcroît, dans son ménage, d'une soirée mensuelle de sortie assurée.

« Ché toute moin doudou, dit-il à sa moitié, moin qu'a pati pou loge. » On se réunit, on boit ferme. Quelque délégué de prétendant en exil réforme l'État dans le sens de la « Liberté « et de l'indépendance » et se fait applaudir. A ce fonctionnaire en herbe un fonctionnaire en fonctions réplique que la liberté laissée aux ennemis du gouvernement est la seule cause des révolutions qui désolent la République et que la véritable indépendance consiste à faire librement le commerce. Il vante la générosité et le savoir-faire du gouvernement actuel, puis, comme péroraison, il propose d'attirer sur la loge la manne présidentielle. Les canons circulent de nouveau (1), on exécute une triple batterie d'allégresse, on prête le serment de discrétion et les travaux philosophiques si intéressants « sont fermés à minuit plein. »

La grande chambre symbolique, prévenue

(1) Un vieux capitaine au long cours m'a raconté que, dans le temps où un change peu élevé permettait le commerce de pacotille en Haïti, il vendait du vin aux loges, grâce à sa qualité de franc-maçon. Il devait, pour faire goûter sa marchandise, ajouter un peu de sirop de framboise et de mélasse. Il ne faisait d'affaires qu'avec la loge en raison des difficultés de paiement.

de l'état d'esprit de la contrée, délègue alors un de ses membres pour installer la loge au moment d'une tournée du Président de la république, grand protecteur de la franc-maçonnerie (Voir l'Annexe).

A partir de ce moment, il est impossible à tout citoyen de « faire un job (1) » dans le pays, s'il ne s'est point fait initier. La loge devient alors un vivier dans lequel la grande chambre vient pêcher les sujets dignes de « recevoir la vérité et de connaître de l'essence et de la sublimité des mystères pratiqués sous la voûte sacrée ».

Beaucoup ne voyaient pas si loin, car il leur suffisait d'avoir leur soirée de sortie mensuelle. De plus, ils ne veulent pas se brouiller avec le curé dont la fréquentation est si utile au point de vue pratique. Or le curé, depuis la bulle *Humanum genus*, affirme que la franc-maçonnerie n'est pas du tout une association de bienfaisance, et la « ché toute moin doudou » croit le curé. Comme il faut la tranquillité à la maison, chacun continuera à remplir ses devoirs

(1) Faire un job : c'est-à-dire recevoir un pot-de-vin (servir d'intermédiaire moyennant un prix convenu entre l'entrepreneur (Etat ou particulier) et les travailleurs). — En matière politique on dit « faire un calypso ». Le job est au calypso ce qu'une affaire véreuse est au changement d'opinion politique qui ne relève pas de la conscience.

religieux. Pour un peu, le franc-maçon se fondra dans l'association du Sacré-Cœur. Il en existe, m'a dit un prêtre, et nous savons qu'il en est de même en France.

Le vénérable, afin de démontrer à ses vertueux frères que la loge n'est pas une officine du démon mais un simple cercle, une société philanthropique, a soin de chercher à faire paraître les oripeaux maçonniques dans les cérémonies religieuses.

Quelques-uns, essentiellement anti-catholiques, pratiquent le Vaudoux (Voir à l'Annexe).

Les ambitieux s'efforcent d'entrer dans un Chapitre où les conciliabules secrets ont un résultat plus pratique encore. Ils deviennent « Kadoshs », titre plus beau et plus rémunérateur qui permet de faire les « calypsos ».

Ils sont trop, l'assiette au beurre est trop petite. A mesure qu'ils sont gavés, les frères se retirent et leurs turpitudes jettent du discrédit sur l'ordre. De nouvelles loges se fondent avec les mécontents qui se lancent alors dans l'opposition jusqu'à ce qu'une révolution les amène au pouvoir.

L'insuffisance intellectuelle des initiés étant parfois trop flagrante, le gouvernement est obligé de faire appel à des profanes ou à des maçons d'un grade peu élevé. Le grand conseil dirigeant veille et provoque leur initiation, il peut ainsi tenir les nouveaux élus politiques sous le serment maçonnique, comme les papalois du Vaudoux tiennent leurs adeptes après leur initiation.

Je connais un très honorable exemple d'une initiation provoquée. Certaines contradictions dans la voie suivie par le gouvernement et quelques conversations avec des maçons en Haïti semblerait m'indiquer que le grand conseil dirigeant d'Haïti, qui doit recevoir directement les inspirations du pouvoir occulte international, est mécontent de la direction brutale imprimée à l'œuvre anti-catholique par certains maçons suggestionnés par le Grand Orient de France. Il serait plus politique, selon plusieurs maçons, de ramener doucement toutes les choses du sacerdoce sous le bras séculier. Il n'est pas douteux, en effet, que le système fût très profitable en France où la présence prolongée du frère Dumay à la direction des Cultes a fait une œuvre plus profonde et plus durable que les soubresauts hystériques de l'anti-catholicisme du frère Combes.

Lutte du Clergé contre la Maçonnerie. — L'observation de Mgr Guilloux relative à la tolérance en Haïti pour la conduite privée des fonctionnaires, vaut pour les méfaits maçonniques. On peut voir à l'Annexe l'historique abrégé des conflits aigus entre l'Église et la maçonnerie. Ces conflits éclatent, mais la lutte journalière transpire à peine. J'en parlais un jour à un ecclésiastique en m'étonnant que l'échange de lettres fait en 1896 entre Mgr Kersuzan et M. Firmin, alors candidat de la présidence de la République, n'ait pas engagé l'évêque de Cap-Haïtien à démasquer certaines personnalités dont il parle dans une brochure sur le Vaudoux (Port-au-Prince, imprimerie Amblard, 136, rue du Centre). Cet ecclésiastique me répondit : « Ce serait rendre le plus grand service à la franc-maçonnerie que de faire campagne contre elle. Le discrédit dont elle jouit aujourd'hui est meilleur pour notre cause que tout ce que nous pourrions faire. »

Je me suis incliné devant l'opinion d'un homme qui devait connaître mieux que moi cette question au point de vue local, mais l'un de mes regrets en quittant le pays d'Haïti, si riche et si hospitalier dans sa profonde misère, fut de ne pas pouvoir aller à Cap-Haïtien pour connaître son éminent prélat et lui démontrer que, autant et plus que le Vaudoux, la franc-maçonnerie est l'ennemi de la civilisation haïtienne, parce que, « tout en travaillant et en se faisant les apôtres des idées anticléricales, elle déclare qu'il est dangereux pour elle d'écrire dans sa constitution qu'elle repousse toute idée religieuse » (Convent de 1895, p. 310).

APPENDICE I

LE VAUDOUX

Il n'est pas douteux que le mystère a été de tous temps un puissant stimulant vers l'action pour les âmes naïves, ou du moins incomplètes, et une cause de profond dévouement de la part des initiés vis-à-vis des chefs de l'association occulte.

Lorsque Pompée eut écrasé le mystérieux empire de Mithridate, l'empire romain ne fut pas débarrassé pour cela de ses ennemis vaincus : l'association mithriaque continua dans les cavernes ses initiations occultes dans le sang des taureaux.

L'histoire moderne et contemporaine est pleine d'exemples similaires, tous marqués au coin de la haine et de la sauvagerie sanguinaire.

Il semble que l'homme, à mesure qu'il se retire davantage du commerce de ses concitoyens (si ce n'est pas dans un but strictement contemplatif), revient fatalement en arrière, à la morale étroite de l'égoïsme ou du sectarisme, ce qui est en tout identique. Les initiés perdent le sens de l'humanité parce qu'ils ne concourent pas à l'élaboration mystérieuse du progrès dans la Cité. Ils font dès lors bon marché de tout ce qui, quoique humain, ne collabore pas à leur but spécial. Tels les moines légendaires de Torquemada, tels plus près de nous les sombres anarchistes. Plus bas dans l'échelle morale, sans cette excuse que donne toujours au coupable un idéal faux, peut-être, mais consciencieux, d'autres font le mal pour le mal : certains meurtres rituels sont la continuation des drames effroyables qui eurent lieu dans les *ghettos* livrés à un isolement redoutable ; ceux que nous a complaisamment narrés le Dr Bataille dans son étude sur la franc-maçonnerie mondiale au XIXe siècle sont tellement ignobles que la pensée vous vient d'un bluff formidable destiné à inspirer par la crainte, aux initiés, une soumission plus servile.

Les sectateurs du Vaudoux seraient au même degré d'abjection s'ils n'avaient pour excuse ce mot de la *maman Loi*, condamnée à mort en 1863 : « Serais-je donc mise à mort pour avoir observé nos anciennes coutumes ? » Une étude sur Haïti ne peut pas ne pas tenir compte de l'influence du Vaudoux.

Meurtres rituels. Cannibalisme. — Sir Spencer St-John, qui fut longtemps ministre résident d'Angleterre à Port-au-Prince, cite dans son livre : *Haïti ou la République noire* (1), plusieurs meurtres rituels du Vaudoux, et il raconte en particulier, d'après le *Journal officiel* de 1863, celui d'une jeune fille immolée et mangée par sa tante. Le procureur chargé de l'accusation compléta ainsi, dans l'intimité, son réquisitoire : « Nous n'avons pas voulu pousser l'enquête du côté de la mère

(1) 1886, chez Plon et Nourrit. C'est à peu près le seul auteur ayant étudié aussi à fond que possible la question du Vaudoux — Texier, dans *Au pays des généraux* (1891, Calmann-Lévy), est moins complet.

dans la crainte de découvrir qu'elle avait pris part au festin. Au lieu de huit complices, la justice complète en eût exigé cinquante. » Il est utile de remarquer dès maintenant que l'auteur, qui appartient à la religion réformée trouve dans le Vaudoux, un mélange de catholicisme; qu'il adresse de grandes louanges à la franc-maçonnerie haïtienne, et qu'il assista à plusieurs cérémonies des Loges dans le but de favoriser le culte wesleyen aux dépens de l'influence catholique, c'est-à-dire française.

La constatation des faits de cannibalisme imputables au Vaudoux est évidemment très rare. Il est possible même que la demande par un initié, de l'immolation du *cabrit noir* (enfant nègre) ou du *chevreau sans cornes* (victime humaine quelconque), à la place du coq ou du chevreau blanc dans les *baguis* (réunions dans la brousse) soit généralement la conséquence de situations particulières. La réalité de ces faits n'en a pas moins été constatée officiellement dans divers procès, malgré la protection plus ou moins avouée de la plupart des présidents de la malheureuse république. L'empereur Soulouque et Salnave protégèrent ouvertement les prêtres du Vaudoux; à diverses reprises, au cours des nombreuses révolutions, plusieurs nègres furent convaincus de tenir un étal de chair humaine. L'un d'eux fut fusillé à Saint-Marc, lors de l'exil du président Tiresias.

Immoralité. — Depuis Salnave, le Vaudoux se cache davantage dans les mornes et il a pris une forme moins sanguinaire. J'avais rendu quelque service à un nègre. Je fis, sous son égide, une promenade de nuit dans les bas quartiers de Port-au-Prince, où la police ne s'aventure pas après 10 heures du soir.

Cette promenade se termina pour moi fort avant dans la nuit par une observation paternelle du général commandant la police, lorsque, ayant laissé mon nègre, je le rencontrai en revenant seul à mon logis : « *La loi pas capable vous protèger là-bas!* » J'eus l'impression que, pour les nègres citadins, le terme *Vaudoux*, qui avait été souvent prononcé par mon cicerone était devenu synonyme de réunions érotomanes auprès desquelles les danses de l'Orient et des Ouled Nails, malgré toute leur lascivité peuvent être comparées au menuet le plus décent et le plus délicat.

Comme on le verra plus loin, la durée de ces danses est telle que l'on ne comprendrait pas la résistance physique du corps sans l'absorption de philtres appropriés. C'est ce qui explique l'initiation au Vaudoux de nègres appartenant au meilleur monde haïtien. Ces derniers peuvent en effet par ce moyen se procurer de puissants aphrodisiaques, dernier terme pour eux de la félicité sur terre.

Origine. — Il faut remarquer d'ailleurs que le Vaudoux est d'origine africaine que, par conséquent, le nègre y est éminemment enclin, par atavisme. M. Solon Menos (1), homme remarquable à tous égards et qui fait honneur à sa lignée, ne voulut, comme ministre, voir dans les extravagances et les équipées scabreuses d'un homme qui se prévalait de la nationalité allemande pour échapper à la justice de Port-au-Prince, qu'un cas pathologique. « Non, c'est bien un Haïtien, c'est le sang ancestral qui l'étouffe ! »

A la Guadeloupe même, dans ce pays français où les nègres n'ont pas eu le malheur d'un siècle de pleine li-

(1) Affaire Luders, chez Verollot, à Port-au-Prince, 1899.

cence, « libre et indépendante », on commence à voir de ces retours ataviques favorisés par une administration de francs-maçons. L'ex-député de Pointe-à-Pitre, le F.·. Legitimus, de la L.·. les Trinitaires, à l'O.·. de Paris, fondateur de la L.·. nègre, « Les Egalitaires » à l'O.·. de Pointe-à-Pitre, est devenu maire de cette ville. Il autorisa en juillet 1904 les « bamboulas » lascives et bruyantes dans les rues, la nuit. Il les favorisa même au point de poursuivre le gendarme qui avait voulu dresser procès-verbal pour tapage nocturne, le 20 juillet, étant de service. Il est vrai que l'adjoint au maire, le sieur Servadat était de la fête, en costume *de nuit*, revêtu de l'écharpe tricolore. Une particularité rend ce fait intéressant au point de vue qui nous occupe. Le F.·. Legitimus est accusé par des concitoyens de couleur d'être un « *papa loi* » du culte du Vaudoux et de se livrer à des manipulations d'ossements humains (1). Les conséquences peuvent être graves pour notre colonie et pour la civilisation si l'on songe que le mot de *séparatisme* a été prononcé et que le *Vaudoux* prend dans les pays noirs une extension rapide lorsque la moralité publique est en déclin. Qu'on en juge par cet aperçu sur le Vaudoux et sur ses rites.

*
* *

La religion. — Le propre des religions fétichistes est de déifier les forces de la nature, animées et inanimées. Le Vaudoux déifie le Serpent. Dans les *H'onfor* (temples), on voit le *Houdo* dans le *Sobagui* (la couleu-

(1) *Courrier de la Guadeloupe* septembre 1900. — *A bas les Tyrans*, du 16 mars 1901, lettre de M. Adolphe Lara, directeur de la *Démocratie de la Guadeloupe*.

vre dans la cage). Il n'est pas rare en fouillant dans les cases, d'en découvrir un squelette. L'origine du culte du serpent paraît être dans l'Ouest Africain où toute femme touchée par un serpent est atteinte d'hystérie dans la croyance populaire (d'après Fergusson). Le Vaudoux déifie également les sources : J'ai pu voir à *Fonds parisien*, près du lac Assuei, une source entourée de palissades, dans le but, m'a-t-on dit, de protéger le Dieu.

Comme toujours, l'instinct de religiosité qui avait fourni l'idée abstraite des dieux s'est transformé dans le Vaudoux en culte de fétiches : les âmes simples, terrifiées par les forces mystérieuses de la matière, ont en effet besoin d'appuyer leur espoir sur une preuve palpable de la protection divine.

Le Culte. — Mgr Kersuzan, évêque de Port-Haïtien, a fait le 2 août 1896 une conférence populaire sur le Vaudoux (1) qui eut un immense retentissement dans le pays, sans que cependant ni le clergé ni le gouvernement haïtien aient paru avoir conscience des rapprochements à faire et des mesures à prendre pour anéantir, si possible, le culte qui comprend :

1) L'usage fétichiste *d'oraisons* (écrits), de *maldiocs*, de *gardes* (sachets contenant des matières diverses selon le but à atteindre) qui se portent au cou ; de fers à cheval placés à la porte des maisons et de bouteilles remplies d'eau de mer enterrées au seuil de la case, comme protecteurs du foyer.

2) L'emploi de maléfices tels que : *poules rangées*, — vulgaires gallinacées dont les plumes sont hérissées

(2) Chez Amblard, Port-au-Prince, 136, rue du Centre.

artificiellement, — de chandelles piquées d'épingles et autres manœuvres, ayant pour but de rendre ses ennemis malades ou de les tuer; cela nous transporte en plein dans la Magie noire.

3) La consultation de *chapiteurs*, *papa loi*, *maman loi*, qui se chargent par leur science, leurs connaissances et avec l'aide de quelques sectaires bien stylés, d'obtenir de Vaudoux l'accomplissement des oraisons et des maléfices.

Les moyens employés par les Papa Lois sont le fer ou le *coco macaque* (tige de palmier excessivement dur) et surtout la connaissance des simples, médicaments philtres et poisons.

Si Marina n'eût pas aimé Fernand Cortez, l'usage de la quinine nous fût resté longtemps inconnu. Sans doute notre Codex n'est pas sur certains points à la hauteur de la pharmacopée nègre dont j'ai pu constater la bienfaisance sur un matelot. Les papas lois en revanche paraissent très versés dans la science des stupéfiants qui rendent fou la victime ou l'endorment au point que l'enterrement peut être ordonné dans les formes légales. Il se passe alors parfois dans les cimetières des scènes qui satisferaient nos Vampires les plus difficiles. Le chapiteur fait parfois deux bonnes recettes en rendant à la victime la raison ou la santé qu'il lui avait d'abord enlevées.

4) Des réunions secrètes dans la brousse ou dans les temples (*Baguis* ou H'onfors) où l'on danse le Vaudoux, non sans avoir sérieusement « *tuilé* » l'assistance et rappelé l'obligation du secret (voir Sir Spencer St-John). Il m'a été dit qu'une réunion annuelle plus importante que les autres avait pour but d'appeler la vengeance de Vaudoux sur les dissidents.

5) Diverses orgies — sortes de tenues blanches où des noirs non affiliés peuvent assister (comme dans la F.·. M.·.,) — nommées *prières*, *services*, *Gombos*, *Noche bello*, dans lesquelles le *papa loi* ou *Bocor* pontifie.

6) Des neuvaines célébrées à la mort des initiés en vue de délivrer l'âme du défunt par le bris du Canari.

Voici la croyance qui donne lieu à cette cérémonie, toute païenne en soi : après sa mort, l'âme de tout défunt tombe dans l'eau la plus proche, par conséquent dans celle de la maison, contenue dans un vase nommé *Canari*. Il faut délivrer cette âme prisonnière et surtout se débarrasser d'elle, car elle serait nuisible si on la laissait là. A cet effet, on se réunit pendant neuf jours à la maison mortuaire, on chante force cantiques, on boit fort, on prie aussi. Le neuvième soir, on prend le canari et l'on va en chantant et en dansant à un carrefour quelconque et on l'y brise au milieu des cris, le plus de cris possible afin d'effrayer l'âme libérée et de la faire fuir au loin. On choisit le carrefour parce que les survivants, ayant conscience qu'ils peuvent être en butte à des vengeances posthumes, veulent dérouter l'âme et la mettre dans l'impossibilité de revenir, ne sachant pas le chemin par lequel on est venu.

7) Enfin des sacrifices sanglants, comme il a été dit plus haut. L'homme y est généralement remplacé par divers animaux, le coq et le bouc surtout, dont le sang mélangé à du tafia sert de boisson aux assistants.

Le papa loi est tout-puissant sur ses fidèles, ses *piailleries* religieuses sont sans nombre et les nègres ont une foi aveugle dans ses pratiques. Du temps de Soulouque, il n'aurait eu qu'à parcourir la ville pour être suivi d'une armée, au son de son tambour sacré. Il ne faudrait pas remonter si loin pour trouver un général pontife du Vaudoux. C'est que le papa loi a le don précieux de rendre son client invulnérable. Mgr Kersuzan cite dans sa brochure un général qui, après l'initiation, s'offrit plein de bravoure, aux balles de son escouade afin de prouver son invulnérabilité. Ses hommes le virent tomber avec stupéfaction. Le papa loi n'eut sans doute pas de peine à expliquer que l'invulnérabilité ne s'appliquait qu'aux projectiles de l'ennemi. Peut-être aussi le rusé compère avait-il voulu faire une application haïtienne du chant de l'*Internationale*?

Après la mort de Soulouque (1859) et la signature du Concordat par le président Geffrard (1860), les papa lois se rendirent compte qu'ils devaient agir avec circonspection et ménager la puissance catholique qui avait l'appui du gouvernement. Leurs compatriotes d'ailleurs parurent dès le début aimer les prêtres qui leur apportaient des consolations avec de l'aide dans leurs misères, au nom d'une religion d'amour — le nègre à l'âme tendre, — et qui venaient de France, cette seconde patrie de l'Haïtien. Ils ne s'opposèrent donc pas à ce que les initiés de Vaudoux s'adressassent aux prêtres, tout en exigeant d'eux avant leur conversion au catholicisme d'aller jeter des graines de maïs à certains carrefours pour apaiser Vaudoux.

Amorce pour la reprise, dont on a pu voir l'effet lorsque, après les présidences de Boisrond-Canal et de Salomon, grands protecteurs de la Maçonnerie, l'influence catholique eût été minée au profit de la religion wesleyenne, sans aucune attache cependant dans le pays. Le culte du Vaudoux qui s'était longtemps caché reparut et prit tellement d'importance qu'un journal de la Dominicanie (1), PAYS NÈGRE, écrivait en 1892 :

(1) Noter qu'en Dominicaine l'influence de la F.·. M.·. est

« *Haïti, avec ses magiciens et ses danses d'Afrique, est une petite Guinée transplantée en Amérique.* »

Rapports de la F.·. M.·. avec le Vaudoux. — Je signalai cette coïncidence, importante à mes yeux, à un prêtre enseignant de Port-au-Prince. Je lui représentai qu'il était inconcevable que certaines personnes de la classe dirigeante, et des plus connues, fussent des initiés du Vaudoux, d'après la brochure de Mgr Kersuzan, s'il n'y avait pas là un indice de complicité entre la Maçonnerie dont plusieurs font partie, et le Vaudoux lui-même. Ce désir de la part de la Maçonnerie en Haïti de réveiller les passions brutales et sanguinaires des noirs de la brousse à peine touchés par la civilisation en les soustrayant à l'action catholique correspondrait assez avec le système d'alliance conclu en France entre le Grand Orient et basse pègre.

Après un instant de réflexion, mon interlocuteur se rappela qu'en effet les « *Bocors* » et « *Papa Loi* » qui dirigent les H'onfors et les Baguis, se réunissaient depuis quelque temps dans un des temples maçonniques de la plaine de Léogane, près de Port-au-Prince.

— Mais alors, lui dis-je, comment se fait-il que le gouvernement, qui doit être désireux de supprimer les mœurs du Vaudoux afin de donner à Haïti l'aspect d'un pays civilisé, comment se fait-il qu'il ne fasse pas une enquête sérieuse sur la franc-maçonnerie et qu'il ne cherche pas à vérifier si les noms tenus cachés par Mgr Kersuzan ne se trouvent pas sur les listes du grand

moins grande qu'en Haïti : 13 loges ou chapitres pour 300.000 habitants contre 148 confréries pour 800.000 Haïtiens « libres et indépendants », d'après le Dictionnaire de Rouzier, 1891 (Imprimerie Blot, Paris).

Orient d'Haïti et surtout sur celles du *Grand conseil dirigeant?* M. Firmin, candidat à la présidence, d'après l'échange de lettres citées dans ladite brochure, avait demandé à Mgr Kersuzan communication de ces noms. Cela eût jeté sans doute une vive lumière sur des faits qui paraissent incompréhensibles !

— Vos soupçons ne m'étonnent pas, Monsieur, répliqua le prêtre, et vous n'êtes pas le premier à m'en exposer de semblables. Ils n'ont tout de même qu'une apparence de fondement. J'ai étudié la question autant que je l'ai pu et je suis arrivé à la conviction qu'il n'y a pas de rapports entre la F.·.M.·., en tant que F.·. M.·. et le Vaudoux. Il y a des francs-maçons qui pratiquent le Vaudoux, tout comme il y a des turcs maçons, sans que l'on puisse dire que la franc-maçonnerie est turque.

Et puis, à quoi bon, le discrédit dont la franc-maçonnerie est frappée aujourd'hui en Haïti, est meilleur pour notre cause que tout ce que nous pourrions faire. Presque tous nos hauts fonctionnaires ont été maçons, mais ils ne le sont plus. Et puis, même en admettant ce que vous dites : — et je crus entendre dans un sourire un peu moqueur, — « S'ils se réunissent à Leogane, les uns et les autres ont le mot de passe, ils sont tuilés, s'ils ne sont pas maçons complets. Même en admettant leur entente, on ne saura rien. »

Je me souvins de ce mot lorsque les Chartreux ne voulurent pas prononcer le nom de M. Mascuraud, et je fus de plus en plus convaincu que la liste des tiers ordres de la Maçonnerie n'est pas encore connue.

APPENDICE II

LA FRANC-MAÇONNERIE

EN HAÏTI

L'étude de la Maçonnerie prend en France un intérêt toujours croissant. Nous savons, à n'en pas douter, après la divulgation des comptes rendus des convents, dus surtout à la plume autorisée de M. Nourrisson, dans le *Correspondant*, après les travaux de Goyau, de Louis Dasté, après la campagne vigoureuse de Jules Lemaître et de divers journaux — de la *Libre Parole* surtout, qui lâche parfois les *sémites* pour s'attaquer à cet ennemi nouvellement démasqué, — et surtout, on peut le dire, grâce au véritable apostolat de Copin-Albancelli, nous savons que nous ne sommes plus en République, mais en Maçonnerie.

Le moment est presque venu où, la destruction des forces françaises étant achevée, la F.·. M.·. s'affublera d'un soi-disant patriotisme pour imposer sa tyrannie, ouvertement. Il faut donc ne négliger aucune occasion de démontrer l'internationalisme étroit d'intérêts des initiés de cette secte et démasquer, derrière son futur nationalisme de mauvais aloi, les projets d'une oligarchie mondiale qui paraît rêver à nos dépens une revanche de la captivité d'Égypte.

Mon but, en analysant et en commentant « l'*Annuaire de la Respectable Loge du Mont-Liban, n° 22, pour l'année* 1877-1878 (1) est d'apporter à cette œuvre le faible contingent de mes forces.

*
* *

L'Annuaire porte en exergue : « *Sine amicitia, in auro congesto, vir pauper est.* » Puis en première page, les principes proclamés par le Grand Orient d'Haïti. On observera leur presque identité avec ceux du G.·. O.·. de France. L'Être suprême est néanmoins conservé. On m'a même assuré que chez les F.·. des loges de Saint-Marc (LL.·. la Vraie Gloire, la Vallée de Josaphat...), la croyance en un Dieu en trois personnes était générale. Il faut en conclure que l'étude de la philosophie maçonnique n'est pas encore en honneur dans ces loges, restées peut-être, comme autrefois, de simples rendez-vous joyeux, facilitant les « jobs » et les relations commerciales.

« *La Maçonnerie est fondée sur la croyance en un être suprême, créateur et conservateur de l'univers; sur la liberté et l'égalité; et l'objet des F.·. M.·. est d'exercer la bienfaisance, d'étudier la philosophie, la morale, la science et les arts, et de pratiquer toutes les vertus.*

« *Ils sont essentiellement tolérants et sont unis aux hommes vertueux de tous les pays par le lien ferme et agréable de l'honneur fraternel; ils éprouvent enfin pour tout le genre humain le sentiment d'une active bienveillance.* »

A.·. L.·. G.·. D.·. G.·. A.·. D.·. l'U.·.

« *Au nom du bien heureux saint Jean d'Écosse et sous les auspices du G.·. O.·. d'Haïti.* »

(1) Imprimerie Robin, 60, rue des Casernes, Port-au-Prince. Une partie de cette analyse a déjà paru dans le journal *la Bastille*, 26 mars, 2 avril, 9 avril 1904.

Politique et F.·. M.·. — L'Annuaire donne la liste des grands dignitaires et des dignitaires en exercice le « jour lunaire du mois Thébet » (27 décembre 1876, E.·. Vulg.). J'ai relevé dans cette liste, pour 1877 :

Grands dignitaires : 19 *employés du gouvernement;* 13 *civils non employés (du moins sans indication d'emploi).*

Dignitaires honoraires : 77 *employés (dont* 3 *anciens Présidents de la République);* 56 *civils non employés.*

Membres actifs (de 33e *à Kadosch) :* 19 *employés;* 25 *civils non employés.*

Rose croix (et divers) : 33 *employés;* 84 *civils non employés.*

Maîtres : 24 *employés;* 97 *civils non employés.*

Compagnons et apprentis : 48 *employés;* 229 *civils non employés (dont plusieurs capitaines au long cours étrangers, et un* **prêtre**).

Soit au total : 220 *employés et* 504 *civils non employés.*

Il faut remarquer dans ce tableau combien s'élève, dans les hauts grades maçonniques, la proportion des employés du gouvernement (administration, armée, douanes) par rapport aux civils non employés (commerçants, rentiers, journaliers). Cette proportion est une preuve de la puissance administrative et politique de la confrérie maçonnique. Elle fait rêver lorsqu'on la rapproche de la dilapidation effroyable des finances en Haïti qui a abouti au cours forcé du papier monnaie en 1888 et finalement à la castratrophe financière du 12 mai 1902, avec *Tirésias Simon Sam*, se soldant par 170 o/o de perte dans le change.

La situation n'est pas encore liquidée. Une commission parlementaire recherche les responsabilités dans la disparition d'une bagatelle de 800.000 gourdes (4 millions). Le président actuel, le général Alexis Nord, y tient la main. Plusieurs personnes ont déjà été arrêtées. Sans doute la connaissance des listes de la F.·. M.·. faciliterait sa tâche s'il était édifié par l'exemple des F.·. M.·. français sur la valeur pratique des principes de la Maçonnerie.

La brochure de 46 pages se termine par les colonnes d'harmonie et les colonnes funéraires, avec cette épitaphe : « *Huc tendimus omnes.* »

Apparence de religiosité et de nationalisme. — *La Fraternité*, journal officiel de la maçonnerie haïtienne (mars et avril 1882), donne les discours prononcés sur la tombe du poète haïtien, le F.·. *Alcibiade Fleury Battier*, R.·. C.·., auteur des « *Bleuettes Maçonniques* », « *Sous les Bambous* », « *Le Génie de la Patrie* » et du drame « *Anacaona* », qui respire le plus pur patriotisme. L'assemblée réunissait plusieurs loges de l'obédience : L.·. L.·. à l'O.·. de Port-au-Prince, *L'Étoile d'Haïti* n° 5, *L'Amitié des Frères réunis*, n° 1, *Les Cœurs unis*, n° 24 ; L.·. à l'O.·. de Cavaillon, *Les Amis triomphants*, n° 42 ; à l'O.·. de Saint-Louis-du-Nord, *Bethléem*, n° 44 ; le chapitre de R.·. C.·. *La Constance* n° 12 à l'O.·. de Port-au-Prince et le *Mont Sinaï*, n° 12, *Les Souverains Campements* et le *Sublime Aéropage*. L'épitaphe choisie par Alcibiade Battier fut acclamée sur sa tombe :

Dieu
Amour
Patrie
Maçonnerie

Une visite au cimetière de Port-au-Prince démontre d'ailleurs la parfaite bonne foi de certains maçons haïtiens. Les inscriptions tombales sont rares. On en voit cependant datant de 1859-1889-1893 dans lesquelles la croix est enguirlandée d'une branche d'acacia : « Restes mortels de Roubion-Lacroix, regretté de son épouse et de ses *vertueux* amis. » D'autres unissent le triangle et la croix :

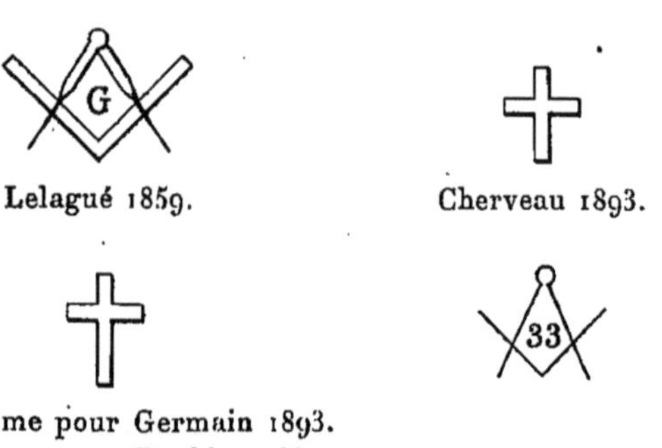

Lelagué 1859.

Cherveau 1893.

Le même pour Germain 1893.
— — Roubion 1889.

Quelques mots pour expliquer soit cette aberration d'hommes vraiment religieux, soit la nécessité de cette hypocrisie, qui peut paraître excessive à ceux qui ne connaissent pas le processus maçonnique.

L'introduction de la F.·. M.·. est très ancienne aux Antilles. Elle est attribuée dans le pays d'Haïti à Saint-Jean d'Écosse, et le canon de Port-au-Prince tonnait encore en 1902, le 25 juin, en l'honneur du bienheureux fondateur de la M.·.. Les cartes marines de la première moitié du XIXe siècle, pourtant peu détaillées, donnent l'emplacement des Loges, indice certain de l'ancienne importance politique et commerciale de ces dernières.

D'un autre côté, dans les pays noirs, la population quelque peu instruite et civilisée est — et était surtout — exclusivement composée de personnes paraissant pratiquer la religion catholique. La cause en est dans l'influence bienfaisante du clergé, qui est démontrée par le fait que les cures, en temps de révolution, sont tacitement considérées comme lieux d'asile, autant et plus que les consulats. En 1902, la cure de Saint-Marc donna asile à 1.800 personnes. De même à Jérémie.

L'apparence de religion fut donc considérée comme indispensable pour attirer, par intérêt, les fidèles sous le maillet des vénérables, et l'évolution vers les principes maçonniques véritables dut subir une longue préparation; cette évolution, qui n'est pas achevée, peut être suivie pas à pas. Le G.·. O.·. de France n'y fut pas étranger — (la Loge *les Philadlephes*, de Jacmel, relève encore du G.·. O.·. de France) (1) — comme on le verra plus loin, grâce à l'intermédiaire du F.·. Bourjolly, sénateur de la République d'Haïti.

Au point de vue historique, la lutte du clergé catholique contre les empiétements des Loges fut marquée par les faits suivants :

En 1844 : Interdiction de l'entrée des emblèmes maçonniques dans les églises.

En 1861 : Suppression, par ordre de l'évêque de Port-au-Prince, de la célébration de la messe du 25 juin en l'honneur de saint Jean, commandée par les Loges de la ville, qui prétendaient chanter dans la cathédrale des chants maçonniques.

Cette introduction invraisemblable officielle des Loges dans les églises n'est pas particulière à Haïti : M. Baron, dans *Héroïsme héréditaire des Françaises*, cite « *Acta Latomorum* » du F.·. Thory, d'après lequel, le 26 no-

(1) Le dictionnaire de Rouzier (Paris, 1891, Charles Blot, 7, rue Bleue) donne la liste des 57 Loges, 25 chapitres et 56 Camp.·. de l'île Saint-Domingue (Haïti).

vembre 1781, la mère loge du rite écossais philosophique fit chanter à Saint-Eustache, à l'occasion de la naissance du Dauphin, une messe en orchestre de Floquet. La princesse de Lamballe y assistait.

Les insignes maçonniques furent de nouveau tolérés sous le président Geffrard aux fêtes religieuses en dehors des églises. Ce fut sans doute la rançon de la protection efficace donnée à la religion catholique par ce président.

Aux enterrements, les loges se faisaient donc représenter, avec les insignes maçonniques. Il y eut des abus et des manifestations quand le cortège passait devant le temple. Les prêtres refusèrent alors d'aller au cimetière, ce dont les amis des défunts, même francs-maçons, furent très fâchés. On m'a même cité un cas où le porteur du crucifix dut, bon gré, mal gré, accompagner ces étranges chrétiens. — Si le fait n'est pas exact, il est assez vraisemblable.

Aussi, en 1877, des conflits s'élevèrent entre les prêtres, sollicités par les familles à l'effet de célébrer les obsèques religieuses, et les Loges, qui prétendaient enterrer « maçonniquement » les Frères.·. Depuis, une demande écrite, qui précise les conditions de l'enterrement et la prohibition de discours en présence du prêtre, est exigée des familles par le clergé, lequel se donne ainsi le moyen de prohiber légalement les insignes et les chants non liturgiques.

Depuis 1877, la guerre est déclarée ouvertement à la religion par les Loges, mais ces dernières sont discréditées, moralement, de plus en plus, par les exactions et les vols dont se sont rendus coupables certains grands dignitaires chargés de fonctions publiques, et, en particulier, par divers présidents de la république. — Peut-être cette considération n'est-elle pas étrangère à la suppression, sous le président Nord, en 1903, de la salve du 25 juin en l'honneur de saint Jean. Le clergé cependant évite d'attaquer vivement les Loges, ce qui ne peut s'expliquer que par une connaissance insuffisante du caractère de la maçonnerie.

Depuis 1896, m'a-t-on assuré, le nombre des maçons a beaucoup diminué et les Loges ne seraient plus que des officines, centres d'opposition politique.

Ce qui se passe en France et les théories liberticides de nos F.·. M.·. ne sont pas sans influence sur ce discrédit. Plusieurs maçons d'Haïti m'ont déclaré trouver absurde, répréhensible et contraire à l'esprit philosophique de la maçonnerie primitive la guerre déclarée en France à la liberté de conscience.

Travaux des Loges. — L'*Annuaire de la Loge du Mont Liban* et le journal *la Fraternité* montrent quelle fut la puissance des Loges. Tous les présidents d'Haïti, ou presque tous, furent les « *Grands protecteurs de l'Ordre* », par exemple — je copie les titres :

Son Excellence le T.·. Ill.·. et T.·. Puis.·. F.·. Nicolas Nissage Saget, président de la République d'Haïti (1870-1874), *R.·. A.·. R.·. *.·. ch.·., T.·. K.·., S.·. G.·. I.·. G.·.*, 33e.

Le *T.·. Ill.·. et Puis.·. F.·. Boisrond-Canal, président d'Haïti* (1876-1879), *Ch.·. Ill.·. K.·.*, 33e.

La tenue d'obligation du 9 août 1881 (E.·. V.·.) de *la Grande Loge symbolique* — (compte rendu, page 24) — parle de la *tournée politique* faite officiellement par son délégué, en compagnie du *Grand protecteur de l'Ordre* (*général Salomon, président d'Haïti de* 1879 *à* 1888), dans les régions du Nord, où les « *occupations administratives alternent avec les fondations de Loges* ». Dans la même tenue, des *houzzés* (batteries d'allégresse) sont portées au Conseil municipal de Port-au-Prince qui, sur le reçu d'une pl.·. de la Loge symbolique, avait changé l'ancien nom de la rue où se trouve le Temple et l'avait nommée *Avenue de la Liberté*. Le Temple porte en façade les insignes : l'équerre et le compas. De même, à Toulon, la Loge a son panonceau.

On trouve l'inévitable note ridicule dans la tenue d'obligation du « *Suprême grand Chapitre du Royal Arche* », même date 9 août 1881. Il s'agit des rites ! Le compte rendu est rempli par les réclamations des membres temporaires, qui estiment insuffisants les honneurs qui leur sont rendus dans les colonnes. Ils prétendent aux mêmes honneurs que les membres à vie. Le grand maître Zorogabel fait observer que les prérogatives de ces derniers datent de plusieurs siècles et que les membres temporaires sont « *ignorants de l'essence et de la sublimité des mystères pratiqués par ceux des Frères qui vivent sous la voûte sacrée* ». Il n'est donc pas fait droit aux réclamations. Comme en France, « *la séance est fermée à l'annonce de minuit* ».

Relations avec le Grand Orient de France. — J'ai cité ce petit incident pour montrer que, en Haïti comme en France, les vérités et les rites maçonniques sont dévoilés aux Frères selon leur grade. Ces vérités sont distillées du sommet de la pyramide maçonnique, selon les vues du *Grand Conseil dirigeant* (je n'ai pu en découvrir la composition) par le *Suprême grand Conclave d'Haïti*. La tenue semestrielle de ce Conclave, en 1881, prouve qu'un certain désarroi régnait alors dans l'obédience. Un *Balustre* fut adressé aux Camp.·. pour dénoncer l'indifférence des représentants des chapitres de Kadoschs qui avaient tous fait grève, sauf un...

Que le « Grand Conseil dirigeant » soit lui-même dirigé d'une façon occulte, cela ne peut laisser aucun doute dans l'esprit de ceux qui connaissent quelque peu le pays. L'*Annuaire de la Loge du Mont-Liban* nous met, du reste, sur la voie : elle cite le F. *Bourjolly*, sénateur de la République R.·. A.·. B.·. *.·., C.·. J.·. K.·., S.·. G.·. I.·. G.·., 33e, comme le représentant du Grand Orient de France en Haïti. Nous venons d'apprendre, par les travaux du convent de 1904 à la rue Cadet, que le Grand Orient de France compte aujourd'hui deux F.·. 33e en Haïti : F.·. Duplessis Fénelon, F.·. Héraux.

Secret. — Le secret maçonnique est particulièrement indispensable dans un pays comme Haïti où la population, quelque peu instruite, est exclusivement composée de personnes paraissant pratiquer la religion catholique. Le secret néanmoins ne s'étend pas à la personnalité des F.·.. Il est peu de Haïtiens qui se défendent d'être Maçons, s'ils le sont réellement. *Nous ne faisons pas de mal*, disent-ils. Certains commerçants portent même les insignes comme réclame, en épingle de cravate. J'ai pu voir aussi aux Gonaïves et à Saint-Marc une goélette portant le triangle et le compas sur son pavillon.

Il faut remarquer en revanche que la composition du « Grand Conseil dirigeant » est inconnue, de même que les vœux qu'il émet.

Une fois cependant, il a plu sur le temple. Si j'en crois le compte rendu de la tenue d'obligation du 24 juillet 1881, le F.·. Viard fut rayé des tableaux de l'ordre pour avoir eu l'idée de battre monnaie avec les lumières maçonniques. Il avait fondé un journal *la Tolérance*, portant en sous-titre : *Revue maçonnique.*

Le F.·. Viard fut réintégré ensuite dans les colonnes « sur la foi de son repentir », la même année.

Je n'ai pu me procurer *la Tolérance,* mais la rapide réintégration du F.·. Viard me fait supposer que le « Grand Corps dirigeant » n'avait pas été étranger à la fondation de ce journal. Dans ce cas, la fondation de l'*Acacia*, revue maçonnique française, ne serait que l'importation à Paris d'une idée nègre, inopportune en Haïti, et le F.·. Viard aurait donné au F.·. *Hiram*, de plumitive mémoire (1) un exemple de ses fameuses feintes.

Le moment n'est évidemment pas encore venu pour la F.·. M.·. d'agir à découvert en Haïti. Ce pays ne peut encore être influencé que par l'empoisonnement lent, dû à la presse profane, de la partie instruite de la population, tandis que les nègres absolument ignorants seront arrachés à l'influence du catholicisme soit par les hochets, tabliers et rubans dans les loges, soit par la résurrection des anciens rites du Vaudoux sur les Mornes de l'intérieur.

Les feuilles profanes de Port-au-Prince préparent l'intellectualisation des citoyens « libres et indépendants ». Par exemple, le *Moment* a développé le 3 juin 1903 cette maxime d'un « philosophe français » : *Nous devons agir comme si notre conduite devait servir de règle universelle.* Maurice Barrès, dont le nom n'était bien entendu pas cité, sera peu satisfait qu'on lui attribue les opinions de son Bouteiller.

(1) Voir la collection de la *Bastille*, 1903.

TABLE DES MATIÈRES

PARIS. — IMPRIMERIE F. LEVÉ, RUE CASSETTE, 17.

www.ingramcontent.com/pod-product-compliance
Ingram Content Group UK Ltd.
Pitfield, Milton Keynes, MK11 3LW, UK
UKHW051023210726
13857UKWH00007B/1250

9 782012 866881